我們夢想的未來都市

五十嵐太郎・磯達雄

目錄

9

五十嵐太郎

中文版序 ／ 五十嵐太郎

中文讀者們，你們好。

繼先前的著作《關於現代建築的16章》之後，與磯達雄共同著作的這本《我們夢想的未來都市》也能夠被翻譯成中文，令人十分高興。這本書，就如同書名一樣，是針對到目前為止被提出過的未來建築及都市設計的論述作品。另外，使用了「我們夢想的」這樣的詞彙，也是因為我與另一位作者磯達雄都是出生於一九六〇年代，我們從孩童時期就不斷地接觸描繪著未來的SF（Science Fiction）小說、電影、電視節目或漫畫等文類，等於是被這些作品所孕育成長的世代。在進入建築領域修習之前的日子，幾乎都是跟「超人力霸王」（ウルトラマン，台灣亦翻譯成鹹蛋超人）、「原子小金剛」、「銀河鐵道999」或者「機動戰士鋼彈」等，另外像是「星際大戰」、「星艦迷航記」，以及亞瑟・查理斯・克拉克（電影《2100太空漫遊》的原著小說作者）或J・G・巴拉德的小說一起度過的。在日本於一九七〇年舉辦的大阪萬博中，建築家們也紛紛提出各種光明的未來願景。

筆者在大學時期由於對建築與煉金術之間的關係相當有興趣，因此畢業論文是以法國十八世紀的幻視建築家洛奎（Jean-Jacques Lequeu）為研究主題。而以此為契機，也持續關注無法實現的紙上建築案。在那之後，獲得了東京都現代美術館的「未來都市考古學」展、磯崎新的「Unbuilt／反建築史」展以及「海市」展，還有「EXPOSE 2002 朝向夢的彼方——矢延憲司×磯崎新」等展覽邀稿，那些文稿都收錄於本書中再編輯。這本書最初的企畫概念，就是與建築撰稿人磯達雄先生一起共同撰寫。他自大學時代就參加SF研究會，對科幻文本的涉獵十分深入，因此就以這樣的基礎，由我五十嵐以建築的立場、磯達雄以科幻的觀點來撰寫，兩者交互配置，完成了這本書的基本形式。

在台灣，未來式的建築也開始漸次登場。如李祖原所設計的台北一〇一、

OMA大都會事務所的台北表演藝術中心、伊東豊雄的台中大歌劇院，還有藤本壯介的台灣塔等案。就像這本書中提到的，現在亞洲已經成為推動世界的先驅，一一地逐漸實現這些充滿未來意象的風景。正因為是這樣的時代，「未來都市是以什麼樣的構想來建立？」等這些提問，若重新以歷史的角度來討論也仍有極大意義，因此這次承蒙田園城市文化事業將此書在台灣翻譯、出版，相當感謝。仔細想想，「田園城市＝Garden City」這個概念，也是十九世紀末由霍華德（Ebenezer Howard）所提出的近代烏托邦構想，就這層意義來說，由田園城市文化事業出版此書，或許也是一種緣分。

序／磯達雄

二〇一〇年五月，上海世博開幕了。

以「更好的城市，更好的生活」（Better City, Better Life）為主題，會場面積佔地五百二十八公頃、參展單位高達兩百四十個以上、預定參觀人次為七千萬人的上海世博，不論從任何層面來看，都超越了之前所有萬國博覽會，成為史上最大規模的博覽會。

上海世博的象徵建築「中國館」，是將展示室騰舉至空中的巨大建築；整體造型模仿了古老木造建築的木構組合方式，是讓人感受到歷史與傳統的設計。

這次上海世博的賣點在於愛護地球環境的「低碳世博」號召，因此博覽會中大量使用電動車、綠化壁面、LED照明等生態環保技術；另外，以舊建築改造再利用的展館也相當多。

參訪各個展館時，到處都能發現關於綠色能源、綠色材料等最新的環境共生技術的介紹。

但與這樣的展館共同展示的，卻是另一幅未來都市的圖像——以空橋連接起來的超高樓大廈、周邊環繞著的是高架列車和空氣動力車（air car）等新型交通系統林立交錯的景象。而這與四十年前的大阪萬國博覽會所描繪出來的未來都市，並無太大的改變。

隨著電腦影像處理技術的突飛猛進，各種表現形式也變得更加多元；然而這些圖像表現的內容卻與往昔並無二致。我們所夢想過的未來都市，直到現在似乎仍然尚未脫離想像的範疇。

讓我們繼續回到中國上海世博。

《香格里拉》（二〇〇五）是日本小說家池上永一的作品，也曾被改拍成電視動畫。這部電視劇以廿一世紀中葉的東京為場景，描寫地球暖化現象急遽惡化時，碳取代了金錢成為推動世界經濟的主要動力；排碳量則成為新的國力指標。日本為了減少排碳量，採取了東京整體綠化政策。徹底實行這個方案的日本，不再只是停留在屋頂綠化的階段，而是讓植物完全吞噬高樓大廈，讓整個東京市徹底叢林化。

同時，皇居上空則建設了名為「亞特拉斯（Atlas）」的空中都市。「亞特拉斯」是以碳素材為支柱的巨型結構（mega-structure），其中居住了三百五十萬名特權階級，他們不用降落到地面，就在此處生活著。

這部電視動畫所描繪的是——即使在徹底考量環境的未來社會中，人們也還是持續建設出廿世紀時構想出來的巨型結構景象；意即，即使在崇尚自然環境保護的時代，人們也仍舊嚮往著那個曾經的未來都市。

如此束縛著我們的未來都市，其根源究竟來自何處？而其意象又是如何改變？本書試圖探索未來都市的歷史，思考時代與地域更迭對未來都市的想像所造成的變遷。

未來都市其實就是現實生活中都市計畫的延長，是由建築家與都市計畫學者共同構想出來；然而另一方面，像《香格里拉》這類的小說、漫畫、電影等虛構文本，也以各式各樣的方式描繪出未來都市的樣貌。在這本書中，希望不僅是採用建築家們貼近現實的計畫、同時也將小說家們遠離現實的想像納入，以兩方並重的方式來重新思考未來都市的圖像。

本書的執筆者中，五十嵐太郎是建築史研究者，現在除了在大學執教鞭之外，同時也撰寫建築評論。我則先在建築專門雜誌出版社擔任編輯，現在獨立成為一名建築專門記者持續在建築領域活躍。

撰寫本書的分工上，凡建築家或在現實上與未來都市相關的章節都由五十嵐太郎負責，而小說、電影中出現虛構的未來都市部分則由我撰寫。我們兩人都是建築專門人士、同時對虛構的未來都市圖像都有著濃厚的興趣；在領域上也多少有相互重疊的部分。

章節的構成則以一個主題為中心，從現實與虛構雙方面的考察交錯配置的方式構成：第一、二章討論從一九五〇、一九六〇年代，到一九七〇年的大阪萬國博覽會這段時間裡，對未來都市的興趣與認識顯著提高的現象；關於東京的未來都市論述在第三章、第四章中呈現。從文藝復興時期到近、現代期間關於烏托邦的系譜則安排於第五、六章，而因為電腦的發達而改變的未來都市面貌會在第七章與第八章呈現出來。最後的第九章，則由五十嵐執筆，以與第一章的大阪萬博對照的方式，討論二〇〇五年的愛知萬博。

現在，就讓我們一同開啟探尋之旅，朝向未來都市出發！

上、下：上海萬博「都市的未來館」展示模樣（攝影／磯達雄）

上：上海萬博「萬博軸」（攝影／磯達雄）
下：上海萬博「中國館」（攝影／磯達雄）

1

五十嵐太郎

大阪萬國博覽會與一九六〇年代

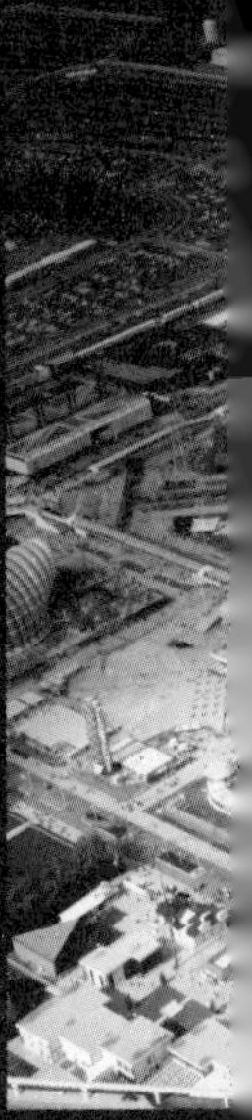

1-1 《20世紀少年》所描繪的未來都市

若讀浦沢直樹的人氣漫畫《20世紀少年》[1]，就能感覺到其中不斷浮現的未來都市景觀；例如「朋友」市[2]的基地是個有三角形陰影的大廈——以現實中既有的建築來說，這與青森的觀光物產館[3]、或是被稱為「現代金字塔」的平壤柳京飯店都非常相似；而不論是「朋友」市基地、青森觀光物產館或柳京飯店，它們強烈的幾何學形態都讓人們感受到了「未來」的意象。

特別讓人驚奇的是，在漫畫中廿一世紀的東京成了大阪萬國博覽會會場的再現。在《20世紀少年》單行本的第七卷裡，「東京萬博」的工程現場首次現身：二〇一四年從海底隧道逃獄成功的阿區（角色本名為落合長治）爬上東京灣後，面對著本不應該存在、但卻佇立在眼前的太陽之塔[4]，難以置信地喃喃自語：「怎麼

1／

《20世紀少年》為日本漫畫家浦沢直樹（1960—）於1999年至2006年為止在《Big Comic Spirit》上連載的長篇漫畫，後由小學館出版單行版，中文版則由台灣東立出版。作品名稱「20世紀少年」來自T. Rex樂團的名曲「20 Century Boy」而來。整個故事以高度成長、充滿「夢與希望」的1970年代開始，轉向經濟停滯、新興宗教興起，開始充滿世界滅亡氣氛的2017年之間發生的故事為背景。

2／

「朋友」市：為《20世紀少年》的新興宗教組織領袖「朋友」所創建的新市鎮。

會？」；與阿區一起逃獄、以漫畫家為職志的青年角田，則因為不曾經驗過一九七〇年的大阪萬博，而如此驚呼：「怎麼回事？這麼奇怪的建築！」

筆者認為，二〇〇五年的愛知萬博[5]與其蓋出那些令人失望的建築，或許還不如像動畫《蠟筆小新風起雲湧！猛烈！大人帝國的反擊》（二〇〇一年上映）中的廿世紀博覽會一樣，乾脆重現大阪萬博那些輝煌的展館更有意思。以這層意義來說，《20世紀少年》就是將這個想法實現出來的虛構故事——故事中的新興宗教組織領袖「朋友」，在二〇一五年以「應然之未來都市」為主題、舉辦了萬國博覽會作為推動世界產生戲劇性轉變的契機。實際上，對建築界而言，以「人類的進步與和諧」作為主題的一九七〇年大阪萬博，早已是未來都市的實驗場了（見圖錄 P.292）。

例如，大阪萬博會場中被太陽之塔從中穿突過去的巨大建築物，即是祭典廣場的大屋頂（見圖錄 P.293）；這個廣場是由設計了

3／

Aomori Prefecture Tourist Center，縮寫為ASPM。是青森市的標誌建物，三角形是取 Aomori（青森）的頭文字 A 而成。

4／

太陽塔（太陽の塔），為日本藝術家岡本太郎為大阪萬博製作的建物，塔高 7 公尺、基底直徑為 20 公尺，手臂則長 25 公尺，頂部戴有象徵未來的黃金之顏（直徑 10.6 公尺），正面的身體上則有代表現在的太陽之顏（直徑 12 公尺）；身體背面則是有描繪過去的黑色太陽之顏；在萬博結束後移到萬博公園中展示。

一九六四年東京奧運比賽場地「代代木國立競技場」、位於原爆遺跡上的「廣島和平紀念資料館」等這些象徵戰後日本復興建築物的建築家丹下健三所設計。包含祭典廣場在內的大阪萬博展館群，在二〇〇五年的愛知萬博中也製作成食玩系列發售，這以現代建築來說算是相當少見的現象，也說明對大阪萬博的建築記憶，已經成了日本人共有的昭和風景。筆者雖然沒有大阪萬博開幕時的記憶，卻也在不知不覺間知道了太陽之塔；如果循著個人記憶探索的話，在車田正美的漫畫作品《拳皇創世紀》[6]的決鬥場景中，背景裡讓人在意的奇妙物體，可能是我與太陽之塔最初的相遇。

萬博結束之後，祭典廣場的大屋頂被解體拆除，萬博紀念公園內只保留了太陽之塔。而構成大屋頂的「空間桁架」（space frame，立體格狀的結構）則有一部分保留了下來，現在放置在地面上。《20世紀少年》這部漫畫中，也毫不馬虎地再現了大屋頂——它並不僅是覆蓋在廣場上的一個單純的屋頂而已。

5／

愛知萬博：為日本於 2005 年所舉辦的第二次綜合型世界博覽會，1970 年的大阪萬博則是第一次。

6／

原名為「リングにかけろ」，由集英社出版。車田正美為 1980 年代重要的漫畫家，著名的代表作為《聖鬥士星矢》。

打開《日本萬國博覽會》導覽手冊，用語集索引中針對「space frame」所寫的說明是「空中都市的雛型」；實際上從太陽之塔的手臂伸展出來的空間，不只是展示空間的延續，同時也表現「進步世界」的意涵。[7]這部分延續的，是活躍於一九六〇年代的英國空想建築家集團「建築電訊（Archigram）」等當時的世界建築家所展示出的未來都市生活。在當時，連小學生們都讀著大阪萬博導覽手冊，夢想著未來世界人類居住在空中的樣貌。

在「空間桁架」中，置入了由黑川紀章設計的膠囊住宅；當時朝日新聞所拍攝的電視特別節目《萬國博覽會開幕》，就以「那麼，就請進來這個像夢一樣的未來住宅看看吧！」這樣的旁白介紹了膠囊住宅。早在一九五〇年代末，匈牙利裔的法國建築師Yona Friedman為了解決人口過密問題，就已經提出能在巴黎上方分解、移動的「空中都市」概念，然而讓這個概念脫離夢想階段、加以實現的，就是大阪萬國博覽會。另外，空間桁架的結構工法則是以一九五五年前往日本舉行研討會的結構專家Konrad

7／
太陽塔的塔內展示空間分別有三個代表意涵——地下空間為「根源的世界」，代表生命的神秘；地上空間為「現代的世界」，代表現代的活力；而空中（腕）的空間則為「進步的世界」，代表統合與分化，組織與情報。

Wachsmann 的想法作為根基，加以發展成形。

在《20世紀少年》中現身的富士展館群、美國館等，這些以空氣構造為主的展館也特別值得一提。儘管一九八八年東京巨蛋完成時，這種空氣結構已經不稀奇了，但對一九六〇年代來說，捨棄使用鐵、混凝土或石頭這些笨重的材料，以輕盈的空氣作為構造系統這點，就是使人感覺到自由的未來建築。當時才三十多歲的年輕建築師黑川紀章，也著手設計了大阪萬博中的 Takara Beautilion 和東芝 IHI 館兩棟展館，頗受媒體注目，因此成為號稱「建築界的原子小金剛」的年輕明星建築師。

後來在二〇〇三年拆除解體的萬博塔（Expo Tower），則是由菊竹清訓所設計。

這些設計的共通點在於它們都是能夠僅就部分單元進行替換取代的設計系統；這種設計概念來自一九六〇年代，由黑川與菊竹發起、名為「代謝派」（メタボリズム，Metabolism）的前衛建築運動[8]；而將這個概念原原本本地付諸實現的，即是大阪萬博。徹底展示「以部分集積為整體」這個設計理念的作品「中銀膠囊大樓」（一九七二），正是業主參觀了黑川在大阪萬博中所設計的展館後，才進而委託他進行設計；然而這個讓人能在東京體驗到大阪萬博時代的難得建築，卻也很遺憾地存在著被拆除的危機。[9]

另外，在祭典廣場上佇立的兩座機器人——擁有兩顆像眼球一樣的球體的 Deme（デメ）和不會動的 Deku（デク），則是由後來成為世界知名建築家的磯崎新所設計。這麼說或許多少會令人感覺意外——雖說是機器人，但擁有足以匹敵四層樓高建築的十四公尺身長的它們，其實是以能對應環境改變的「動建築」為構想而設計出來的作品。

擔任會場總體計畫策畫的建築師是丹下健三；他引入自動步道，

8／

1959 年由黑川紀章與菊竹清訓發起的前衛建築運動。「代謝派」（Metabolism）這個名字意味著能有機地隨著社會變化與人口成長而改變的都市建築提案，主要是為了因應 1960 年代當時日本人口增加的壓力以及急遽膨脹的都市而產生的建築運動；緣由是來自是在 1950 年代末主導現代建築的近代國際建築協會（CIAM）中，年輕建築師組成的團體 Team X 與當時世界年輕建築師們的交流而來，而在日本則由黑川紀章與菊竹清訓、槇文彥等人形成「代謝派」建築運動。

9／

中銀膠囊大樓由於完建後開發商破產，被美國對沖基金收購後，2007 年因年久失修，基金公司宣布將大樓清拆再建。

讓整個博覽會場與未來的都市計畫重合。因此可以說，一九七〇年的大阪萬博，是真正投入了日本建築界的明星隊，直接地讓建築夢想具體成型的時代。

現在由於以電腦或奈米科技這類難以可視化的先端科技當道，已經是建築很難再度成為萬博主角的時代了。

1-2 六〇年代的兩張面孔

邁向巨型結構的建築風格

現在讓我們回顧一下大阪萬博所在的一九六〇年代時空背景。

一九五六年國際現代建築會議CIAM[10]解散，四年後，「代謝派」在一九六〇年於東京舉辦的世界設計會議中首度登場；一九六一年美國的建築雜誌《PA》主辦了以「混沌時代」為主題的研討會。這個時期，英雄中心主義式的近代秩序思想逐漸崩解，連帶地引起世界面貌的變動，進入了變革的時代。一九六〇年左右也同時是都市時代的起點：建築家們開始跨越單體建築，熱烈地談論都市設計——特別值得一提的是，這個都市的烏托邦是以誇大妄想的巨型結構（mega-structure）為目標所建立。

10／

International Congresses of Modern Architecture，中文為國際現代建築協會（CIAM），是1928年在瑞士由28位來自歐洲各國的建築師組成，也是第一個國際建築師的非政府組織，成員以建築師個人為單位。這個協會的成立深遠地影響了當代建築運動，也標誌了現代主義的主導地位。

十八世紀末的法國也曾經企圖建造不可能實現的巨大建築，但最後實現出來的是紀念碑性質的建造物，並非都市。若從烏托邦的漫長歷史來看，巨型結構在六〇年代是特別顯著的現象。例如一九六一年美國建築師富勒（Richard Buckminster Fuller）所提出、以穹頂覆蓋整個曼哈頓的人工環境提案，還有保羅・索拉尼（Paolo Soleri）的有機高原城市（Mesa City）計畫。像富勒這樣以技術者而非思想家的取徑，來構思一個合乎理性的烏托邦概念，也可以說是近代的特徵。富勒穹頂提出的同年，日本建築師丹下健三也發表了「東京計畫 1960」，這個提案中，不管在模型或是繪圖手稿，都無法辨識人的身影，有著讓人感受到畏懼的巨大尺度。雖然這種以遠景眺望山岳的繪圖方式很常見，但在這個計畫中並非以人、而是只能以山岳作為比例尺來確認的程度，足可見該計畫的規模之大。

其他代謝派的成員，如一九六〇年槇文彥與大高正人根據「群造型理論」而發展的新宿計畫案，儘管並不是以全體為考量的總體規畫案、而是以部分為優先考量的設計提案，其規模仍然相當龐大。而作為反開發派旗手的京都大學左派計畫學者西山夘三[11]，在一九六〇年的「Iepolis」與一九六四年的「京都計畫」中提出排除自小客車方針，在設計上則像是將柯比意的集合住宅單位膨大化一般，將各設施堆積起來成為壯觀且狂放的建築體。

建築逐漸朝向巨大化的過程，嚴格來說並不是以一九六〇年作為起點；早在菊竹清訓提出垂直伸展的「塔狀都市」提案（一九五八）、浮在水上的「海上都市1958」，還有黑川紀章的「新東京計畫」（一九五九）等設計案中，就可以稍微嗅到一點先機，後來這些人也相繼成為代謝派的成員。若要談到更早的例子，一九五〇年秀島乾所設計、全長達一點二公里的帶狀摩天大樓及高架道路系統也是一例。此外，由內田祥三主導的親里館計畫（おやさとやかた計画，一九五四—），則以天理市作為舞台起點，至今也仍持續進行，完成後將成為總長達三點五公里的城壁都市。這雖然是個將宗教都市的特殊性加以現實化的計畫

11／

西山夘三（1911～1994），日本建築師、都市規畫設計師，同時也是為住宅問題建立了科學研究基礎的學者。曾經詳盡地調查一般民眾的生活習慣與慣例，提出「食寢分離」的概念，而後發展成「nDK」這種目前日本最主要的住宅空間配置（D指餐廳，K指廚房）。

案，但它在多機能巨型構築體的系譜中也是不能被遺忘的存在。在當時，美國的建築家保羅．魯道夫（Paul Rudolph）曾對「現代主義之後什麼將成為主流？」這個提問做出了回答：「密斯．凡．德羅之後，就是巨型結構了。」

針對當時的狀況，建築評論家班納姆（Reyner Banham）在《巨型結構》[12]這本書中曾提出「過於巨大的建築物必然會導致滅亡」這樣的論點，並同時揶揄地比喻——「巨型結構是近代的恐龍」。他認為這種趨向一開始是以柯比意等建築家作為先驅，一九六〇年前後則因日本代謝派興起而始動，之後由法國（如保羅．梅蒙特在一九六二年的塞納河地下都市計畫）與義大利所承續下來；在一九六四年這個大潮流則聚匯了起來。同一年，英國的建築電訊也因為發表了「插接城市」（plug-in city）以及移動都市概念的「行走城市」（walking city）等衝擊性作品，逐漸受到重視，同時這也是槇文彥最初使用「巨型結構」這個詞彙的年分。依照班納姆的說法，一九六七年的蒙特利爾萬國博覽會是巨型結構傾

12／

《巨型結構》，原書名為 ***Megastructure: Urban Futures of the Recent Past***。

向現實化到達頂點的時刻，而這種傾向到了七〇年代之後則日益衰微。

然而，依筆者的意見來看，直到一九七〇年大阪萬博中巨大的祭典廣場完工為止，這種巨型結構的傾向其實一直都持續存在。班納姆的史觀是以英國動向為軸心，以他所支持的「建築電訊」浮上檯面、受到重視的一九六四年為主，並將日本放置在前哨位置這樣的論點，稍稍有些國家中心主義的傲慢。儘管如此，日本以西歐作為先驅的認識其實並沒有改變，倘若稍微修正一下立場的話，或也可以說那是以輸入為主的日本，與自家設計的前端接軌的瞬間吧。實際上，在海外刊行的幾本建築論選集當中，將日本的都市建言視為六〇年代初的裝飾這種看法也不在少數。

未來學與反・烏托邦（anti-utopia）

以班納姆的建築觀來考察的話，可以清楚觀察到巨型結構在日本發展的社會背景。一九六〇年代的時代精神就是未來學——這可以說是與悲觀的「終末論＝末日終戰（Armageddon）[13]」相對的一種看法。不只是建築家，當時幾乎整個社會都談論著樂觀的未來，陶醉在將來的願景之中；因為未來學正是擁有未來的時代。以下引用當時小學生的作文〈我的夢想〉，或許可作為這種說法的典型例子：

> 街道上到處林立二十層樓以上的高樓大廈，單軌電車和公車路線交錯、川流不息地行駛著。廣闊的屋頂上直升機忙碌的接送乘客，車站、停機坪往來繁忙。汽車飄浮在空中行進，步道則是由橡膠所構成的輸送帶運送著人群。……如果能早一點過這種生活的話該有多好啊。

13/ 世界終戰（Armageddon），希臘原文為 Harmageōn，為新約《默示錄》最後一章中提到，世界最終的善惡大戰。

14/ 林雄二郎，1969 年為日本引進「情報化社會」理論，為日本經濟官僚及未來學學者；小松左京，SF 小說家，與星新一、筒井康隆並列為日本科幻「御三家」之稱；梅棹忠夫則為日本生態、民族學者，曾提出獨特的「梅棹文明論」。

未來學是由林雄二郎、小松左京、梅棹忠夫等人提倡的概念[14]。一九六一年池田內閣發表如「國民所得倍增計畫」等政策，由政府帶起的「未來」計畫氾濫的現象，也推進了未來學的潮流；隨後一九六八年，日本未來學會成立。如果說建築家的預言中有某種現實性的話，以一九六四年東京奧運為目標的「東京大改造」，與經濟景氣榮景支持下所興起之建設熱潮間的重合，或許也暗示了未來學所將到達的高峰。插畫家真鍋博[15]的作品——包含大阪萬博海報在內——描繪了各種多采多姿的都市未來圖像，而大阪萬博也展示了來自小松左京等多位科幻作家提出的相關概念；同一年也盛大舉辦了國際科幻研討會[16]，環繞著「該如何描繪未來」的議題進行討論。

然而，活躍於六〇年代末、七〇年代初的建築評論家宮內康曾經強烈地批判巨型結構：「將建築／都市視為一種代謝裝置的代謝派思維，是以廢舊立新為宗旨，這種作法除了不斷地製造出環境汙染、反映高度經濟成長理論之外別無他物。」（《建築知識別

15／

真鍋博，1932 年生，多摩美術大學畢業。曾為星新一、筒井康隆的科幻小說繪製插畫，特別是為星新一繪製的插畫後來集結成《真鍋博的天象儀》（真鍋博のプラネタリウム，1983）。

16／

長山靖生，《日本科幻精神史》，河出書房新社出版。

冊關鍵字50》一九八三年第七號）。這意味著標榜大量生產的現代主義時代結束之後，不切實際的巨大未來圖像已經逐漸無法應對零散資本的動向。在日本以大阪萬博作為轉換點，其後建築家們也紛紛從都市的願景中撤退；而七〇年代的石油危機，更使建築家們的巨大夢想隨之萎靡。作為未來學代表作家的小松左京也在這個時間點出版了小說《日本沉沒》[17]。

與現實斷裂、仍持續膨脹擴張的烏托邦想像開始變得滑稽，像是米切爾（Mike Mitchell）與彭德爾（Alan Boutwell）在一九六九年提出從紐約到舊金山、橫跨美洲大陸的單體建築城市（single-building city）計畫，或是奧地利建築師雷蒙德・亞伯拉罕（Raimund Abraham）所夢想能覆蓋全球的構築物，都在這個脈絡之中。從丹下健三到建築電訊為止的巨型結構，以及後來的科幻小說或未來漫畫，都被一起收錄到一九七八年出版的《FUTUROPOLIS》[18]這本以視覺性為主的畫冊之中封印起來，作為烏托邦的殘骸風乾收藏——也作為「未來」歷史的一頁。

17/ 《カッパノベルス》，光文社，一九七三年。

18/ R. Sheckley, ***Futuropolis***, A & W Visual Library, 1978.

當然，倘若在談及六〇年代時只是不斷地強調「誇大妄想」這個層面的話，未免有欠公允。一九六〇年凱文・林區的《都市的圖像》[19]，就是從一般居住者如何理解都市的構造進入討論，而非以鳥瞰角度來俯瞰都市；一九六一年珍・雅各（Jane Jacobs）也從與人等身大的視角出發來訴說都市的故事為起點，對近代的計畫進行批判[20]。從計畫手法到理論翻譯引介，在這個時期也都開始產生變化：如在磯崎新的「孵化過程」[21]中，將成為廢墟的未來景象與巨型結構同時並置的做法，也可以看出反諷的批判態度；另外還有義大利的建築集團 Superstudio[22]所描繪的敵托邦（Dystopia）[23]式未來都市景象——如〈十二座理想都市〉（一九七一）這個作品（見圖錄 P.294），即是以人工培養的一組男女與一艘做為方舟的環狀太空船作為未來城市的提案；這個環狀方舟每一年迴轉一個區域，迴轉一周後將已經八十歲的男女釋放、投棄在太空之中。而建築伸縮派[24]所提出的的 No-stop City（一九七一）則是無限連續的人工環境都市，但這個巨大建築物與其說是理想的，不如說是讓人感覺單薄寒冷的均質空間。這樣

19/ Kevin Lynch, ***The Image of the City***, 1960.

20/ 其著作中譯為《偉大城市的誕生與衰亡：美國都市街道生活的啟發》，聯經出版，2007。原書名 ***The Death and Life of Great American Cities***.

的態度也是六〇年代的另一張面孔——作為一種對未來意向的反動，如保存論的勃興或反資本主義的情境主義活動，也是這個時代不能被遺忘的一部分。

法國思想家米歇爾・傅柯（Michel Foucault）於一九六六年所提出的異質空間（heterotopia），是指無單一秩序的實在空間，是與儘管美麗但卻不存在的烏托邦相抗衡的概念。異質空間是混雜的場域空間，存在於現實空間的邊緣。凱文・林區之後的空間理論，都傾向於從現實都市的細微觀察出發、對單一機能場域進行批判，也重新對混雜系場域進行評價，從中抽理出新的方向性。這種傾向也意味著人們已經不信任「未來學」中所含帶的單純時間概念，抗拒那種必定朝向進步、以「過去↓現在↓未來」為發展的線性時間。箭頭（↓）所意味的時間指向已經變得更為複雜：時間是相互關聯著的，未來也包含著現在，過去也重合在同樣的場域中；而將這些重層交疊的時間內含著的，正是都市。因此，徹底的現實主義之中棲宿著小小的未來種子；這並非是以大

21/

「孵化過程」為磯崎新於 1962 年的都市計畫作品。是以原本作為丹下健三「東京計畫 1960」中一環的「空中都市——新宿計畫」中的部分加以修改製作的拼貼習作。

22/

Superstudio，義大利前衛建築集團，由 Adolfo Natalini 與 Cristiano Toraldo di Francia 在 1966 年義大利的佛羅倫斯組成，在 1966 年的 Superarchitettura 首次展出作品；以其充滿未來性、反建築設計的概念性建築作品特別為人所知。普遍認為雷姆庫哈斯、札哈哈蒂接受到他們的影響。

結構來達成、而是透過極微小的戰略來建立。如果檢視日後都市論，大抵都可以在這個時期找到源頭。

總之，儘管巨大化思維在設計層面的發展時間看起來很短暫，但在思想面向上卻持續在後繼時代裡生發出豐富的細部思考。六〇年代就從這兩張分裂的面孔中展開，是成果豐碩的戰後十年。

23/

敵托邦（Dystopia），也稱為反烏托邦或者解烏托邦，在英國小說家莫里斯（William Morris）的 ***News from Nowhere*** 中，描繪與烏托邦相對，在政治、社會中惡性競爭的世界。

24/

建築伸縮派（Archizoom）為與 Superstudio 同年於義大利佛羅倫斯創立的建築事務所，由四位建築師 Andrea Branzi、Gilberto Corretti、Paolo Deganello、Massimo Morozzi，以及兩位設計師 Dario Bartolini 與 Lucia Bartolini 所組成。他們的作品以大尺度的都市景觀為特色，提出了「super architecture」概念。

1-3 磯崎新的電氣迷宮 對萬博的批判

在一九六八年第十四屆米蘭三年展（La Triennale di Milano）中，磯崎新製作了名為「電氣迷宮」的裝置。然而當時正值政治季節的最高峰，受到當年五月革命[25]餘波影響，五月三十日的開幕式也因遭到學生示威遊行隊伍強行進入而關閉了一個小時。會場裡貼滿了「米蘭＝巴黎」、「三年展已死」等激動標語。一開始反戰、反帝國主義、左派等人潮與展示牌不斷湧現出來，讓人以為是開幕式的展演活動。儘管如此，這場遊行的結果最後卻仍遭到否定——警察最後於六月七日驅離了會場內的學生示威遊行隊伍。

以上所談及的整個驅逐事件過程，是筆者從磯崎新本人的口中得知的。倘若閱讀當時的建築雜誌，會發現除了介紹當時大阪萬博展館建造計畫的報導之外，幾乎完全沒有談及這個事件。

25／

1968 年 5 月於法國巴黎爆發的大規模學生運動，並且從學生運動演變為全國性的工人運動，其後迴響造成跨國性的反體制運動，包括捷克著名的「布拉格之春」。

一九六八年日本建築界的最大話題，是作為當年日本第一棟超高樓大廈「霞之關大樓」終於竣工；該年五月，大阪萬博協會提出了以樹木為比喻的會場構造圖。然而若再進一步調查，會發現當年的《建築文化》八月號中其實刊登了高口恭行所撰寫的〈被閉鎖的第十四屆米蘭三年展〉一文，是少有針對這場騷動事件的珍貴證言。

這邊稍微地介紹這篇文章。高口恭行在文章中，以「地獄繪迴轉鋁板以及都市理想的雙重意象」、「成功營造出幻想的曼陀羅空間」等句子描繪了磯崎新的「電氣迷宮」：還有「各式各樣的未來圖像，吱嘎作響地在迴轉著的地獄繪銀色鋁板上閃爍，將迷失在繪板群中的參觀者們導向如迷幻藥 LSD 幻覺般的世界」，以及「照著全體的晦暗光線，將可怖的未來景象與潛藏在人心深處的地獄繪圖像奇妙地結合在鋁板上」等。在這篇文章的最後，高口恭行以「或許米蘭三年展的事件也可以稱之為『小萬博』，因為這個展示作品也是作為一九七〇年開辦的大阪萬博的預覽或說是一種暗示」作為結論。

「電氣迷宮」是將十六塊彎曲的鋁板群以網格狀（grid）配置，中央的四塊鋁板以紅外線感知觀眾的動向、因而能隨之自動迴轉，周圍的十二塊鋁板則是手動迴轉。板上以網版印刷（screenprinting）印上日本妖怪、地獄繪等恐怖圖像，隨著不斷轉動的鋁板，參觀者體驗到如鬼屋一般的迷宮空間。在其中一個壁面上，設置了大片的橫向展板，並利用三台投影機投射出各種影像；展板本身以化為焦土的廣島為背景，再拼貼上成為廢墟的未來都市之姿而成的圖像。這與一九六〇年代建築家們所構想出來的未來都市印象不謀而合。同時，設計師杉浦康平與攝影家東松照明也參與其中，而會場中流轉著的樂音，則是由一柳慧作曲的現代音樂。

根據磯崎新的說法，電氣迷宮的主題是「所謂的理性構想或是理論性的計畫，最終會被人類那些非合理的衝動情感所背叛或顛覆，這也暗示了計畫概念本身所內包的二律背反原則」（《a＋u》一九七二年一月號）。當時的建築家在高度經濟成長期的煽動下，競相發表有著光明未來的建築計畫；其最後集大成就是大阪萬國博覽會。丹下健三曾表示，「萬博會場本身就是一個實驗的都市」（《新建築》一九七〇年五月號）但磯崎新卻指出，大阪萬博是「祭典與廣場的合體，無拘無束的樂天主義」、「不論是多麼壯大的都市計畫，其背後都背負著廢墟的陰影」（《SD》一九七六年四月號）。所謂的未來都市都生產著廢墟——壁板上扭曲的巨型廢墟，不就像是祭典廣場的殘骸嗎？磯崎新自己提到，不知道什麼時候開始，東大入學的時候，在同人誌中畫入的插畫就總是廢墟的片段[26]。

一九七〇年的大阪萬博雖然得到了空前的大成功，但一部分的建築家也提出「70 DYS-TOPIA OSAKA CITY」（《近代建築》一九七〇年八月號）來批判萬博這種令人眼花撩亂、花俏得就好像賓館一樣的設計。磯崎新一邊負責這場嘉年華會的廣場現場，

26／丹下健三、藤森照信，《丹下健三》，新建築社出版。

一邊也透過「電氣迷宮」來對萬博進行預先性的批判檢證。不論是「70 DYS-TOPIA OSAKA CITY」或是之前提到的「電氣迷宮」，都帶有格狀的架構——前者在會場擺放了樹枝狀的階層型構造，後者則是企圖創造一種迷宮式的空間。但比起建築本身，這次共通的特徵是動員所有媒介所開創的整體環境。實際上，磯崎是根據「軟性建築（soft architecture）：作為回應場所的環境」這個概念來說明這兩個計畫（《建築文化》，一九七〇年一月號）。

在《建築文化》一九七〇年四月號的「萬博建築」特集中，將展示館分為五種：第一種是「整體展示型」（integral display type），將重點放置於展示物的物質層次（例如美國館）。第二種是「電氣迷宮型」（electric labyrinth），主要將「電子工學與影像效果結合成幻境般的環境構成」（例如電氣通信部與東芝IHI館）。第三種是「開放環境型」（open environment type），透過外部與內部的不同組合，以變化空間構成作為主要目的（例如瑞士館）。第四種是「畫廊型」（gallery type），是以情緒性地看見物自身為目的（例如松下館）。第五種是「詩賦型」（ode type），強調傳統劇場空間內的印象與裝置（例如IBM館）。其中，第二種是以磯崎新批判萬博的展示作品為命名依據，這某種程度上也可以說他的批評被大阪萬博收編其中了。

最後，引用一段相當有趣的證言。

> 「令人印象深刻的是，一九七〇年萬國博覽會開幕前，在彩色電視機中看到的磯崎新。……戴著現場用的安全帽、對著訪問麥克風，那時的他可說是蒼白憔悴。在我的印象中，他的鬢鬚已經變白，身旁散發著一股空虛又哀傷的氣氛。」（佐佐木隆撰文，〈磯崎新：觀念的漂泊與悖論〉，《建築》一九七二年十月）

據說完工後，磯崎因為極度疲勞而睡著了，因此他是在電視機前觀看開場儀式。在那個時候，建築雜誌封面放的是當時世界第一高樓的紐約「世界貿易中心大樓計畫的全貌」特集（《建築文化》一九七〇年六月號）。

1-4 萬博廢墟中產生的現代藝術家——矢延憲司[27]

雙胞胎般的未來都市——千里新市鎮（千里 New Town）

有一位藝術家，以大阪萬博舊址這個未來都市遺跡作為童年的遊戲場所、並也將之作為創作活動原點。他就是矢延憲司；六歲時搬到大阪府茨城市的新市鎮[28]後，也因此走進了就在附近的萬博會場與千里中央地區（見圖錄 P.295）。

矢延生於一九六五年，正是千里新市鎮開始有人進住的時候。同一年，《新建築》雜誌也以大篇幅發表了這整個計畫，接著將在一九七〇年開幕的萬博也即將完工。因此可以說，矢延憲司、千里新市鎮與大阪萬博這三者，幾乎是同時代的產物。

27／

矢延憲司，日文寫作ヤノベケンジ（Yanobe Kenji），矢延憲司為本名。1965 年出生大阪府的日本當代藝術家。他以孩童時期的記憶與關注為基礎，思考能在現代社會或末日未來的生存機器，以此創作出各式雕刻與裝置作品。

28／

千里 New Town（千里ニュータウン）是在橫跨大阪府豐中市、吹田市之間的千里丘陵群中所興建起來的新市鎮，由大阪企業局主導、開發面積高達 1160 公頃，是日本首次大規模的新市鎮開發。以 1962 年開始入住以來，已經超過五十年。

進入廿一世紀之後，他開始走向千里新市鎮市中心以外的地方，例如在公園、鄰近的中心和居住區等地方走動，並因此產生了令人意外的想法：「這裡就像是車諾比周邊的街道一般」。對矢延來說，車諾比是世界上最糟糕的核子事故發生地，他曾在一九九七年穿著防塵輻射衣，獨自步行在車諾比廢墟中，完成了名為「Atom Suit」的系列作品。[29]

為什麼會將千里新市鎮比擬為車諾比呢？這是因為車諾比在一九七一年建造核電廠一號爐後，就成為未來能源的生產工廠；由於廠內需要相當數量的從業人員，因此周圍也因勞動者遽增而發展了都市。同時，蘇聯也以計畫性集合住宅以及都市建設聞名；或許，讓「計畫」這個近代概念被徹底發揮這一點，就是車諾比和千里新市鎮的共同點吧。

千里新市鎮，是一九五七年開始策畫、六〇年代建成的日本最早大規模新市鎮。郊外的丘陵地上是可供十五萬人居住的人工都

29/

矢延憲司的「Atom Suit Project」（アトムスーツ・プロジェクト）的第一部分，即是他在 1997 年穿著 Atom Suit 進入車諾比廢墟，拍下的一系列照片。

市；由於沒有過去既存街道的綁縛、這裡因而成為能嘗試近代都市計畫手法的絕佳機會，並且也進行了跨越土木、建築、造園各專門領域門檻的共同作業。如果細讀當時的資料，就能感到技術報告的背後，有一種不受外部聲音所干擾、盡情地計畫著烏托邦的樂趣。

那麼，千里新市鎮有著什麼樣的新嘗試呢？

首先，它採用了近鄰住區理論，以學區作為居住的單位，利用階層結構來進行組織。十二個住區中心各別安置一所國民小學，而位於兩住區中間邊界地帶設置共六所國民中學；全體外圍地區則分散設立了三所高級中學；同時，因為幼童才是都市計畫的根本，因此也嘗試融合國民小學的低年級與幼稚園這種實驗性質的教育形式。另外，為了達到人車分離，排除了需要通過馬路的跨越性交通，加入囊底巷[30]的住棟配置。千里中央車站直通大廳廣場，可以看見兩側林立的商店。橫濱的港區未來站中，從月台上

30 cul-de-sac，日文作「袋小路」，普遍稱為死巷。

就可以看見上部商業空間的嶄新設計，其原型在千里新市鎮中就已經存在了。住宅區則沒有採用平行配置，而是導入促進交流的線圈型住棟配置；然而由於日本人對住宅的南向信仰已經相當根深蒂固，因此，千里之後的高藏寺、多摩、筑波等新城鎮中，增加了許多平行配置的住宅。而相對於這種平行配置，再度嘗試線圈型配置是在九〇年代開始動工的幕張 Baytown（ベイタウン）。順帶一提，千里中央地區中心也是日本最早開始採用高效率的地域冷暖房設計之場所。

因為實現了高純度的現代主義式都市計畫，千里新市鎮也獲 DOCOMOMO[31] 選入日本重要近代建築名單中。以未來集合住宅群來說，匯聚了格羅佩斯（Walter Adolph Georg Gropius）、奧圖（Hugo Aalto）、尼麥耶（Oscar Niemeyer）等現代主義巨匠的一九五七年柏林國際建築展（Internationale Bauausstellung，Interbau）大概就是先驅吧，從當時完工的新聞影像中可以看見，從附近車站的纜車朝向會場所看見的 Interbau，就宛如萬博一樣，

31／

DOCOMOMO，為近代建築保存協會（International Working Party for Documentation and Conservation of Buildings, Sites and Neighborhoods of the Modern Movement）之簡稱。

以未來都市建築博覽會的姿態登場。這是面向東柏林的西柏林展示櫥窗，面對著東柏林代表古典主義的大道，西柏林則展示著未來的生活。

當然，千里新市鎮也引起不少批判聲音，像是「連打個小鋼珠的地方也沒有」這樣的批評等；不久後完工的休閒中心千里SELCY，也是一棟具有立體複層廣場的未來性設計。另外，除了計畫中的商業設施之外，露天商店街也早早登場。國民小學的統廢合、以及新市鎮老化等各種情況與其他新市鎮相比，確實沒有比千里新市鎮更具代表性的例子；不過這個新市鎮也確實漸漸地朝向高齡化發展。

大阪萬博與千里新市鎮是如同雙胞胎一樣的未來都市，它們都是計畫時代所帶來的設計。其中一個（大阪萬博）已經幾乎消失了，但另一方（千里新市鎮）卻仍繼續在廿一世紀這個相對於當時的「未來」中存續著。在與矢延憲司的對話中，談到了「千里新市鎮沒有成為荒涼廢墟風景的原因究竟是什麼？」這樣的話題，走在這裡的街道上，會發現不管到哪裡，抬頭就能看見太陽之塔；或許那已經成為某種支撐人們內心的力量也說不定。當時誰也沒想到，就像試圖補足新市鎮不足的象徵性一般，太陽之塔就這樣在萬博紀念公園中持續留存下來。

夢幻的電氣迷宮登陸日本

二〇〇二年，以德國 ZKM 所舉辦的 Iconoclash 展為契機，磯崎的「電氣迷宮」睽違卅四年後再度製作。同年，道頓堀沿路剛好也在 KPO KIRIN Plaza[32] 展出大阪的十五周年紀念展「EXPOSE 2002—朝往夢的彼方」。這也讓幾乎成為傳說的「電氣迷宮」裝置終於首次在日本公開。

這次的展出基本上仍是根據其原初概念，但以新的廢墟影像為素材，追加了九一一事件紐約世貿中心的遺跡風景，以及宮本陸司

32／

KPO KIRIN Plaza（キリンプラザ）為日本建築師高松伸所設計，於 1987 年竣工的多功能大樓，並成為麥可道格拉斯主演的電影《Black Rain》的場景之一。

攝影的阪神大地震影像等。「電氣迷宮」這個作品原本就是嘲諷在近代化中努力達致經濟高度成長期之日本的時間迷宮，而隨著再製作的時代條件不同，因此也出現了泡沫經濟崩解之後，生活在緊縮未來的日本形象；而「廿一世紀是從紐約世貿中心的瓦礫中開始」的這個事實，也使「電氣迷宮」成為帶有預言性的作品。

美術評論家椹木野衣所企畫的「EXPOSE 2002」展中的核心概念正是大阪萬博時所想像的未來——廿一世紀，為了試著從中再次思考大阪萬博，也找來矢延憲司作為另一位參展者。在與磯崎新的聯展中，矢延憲司製作了機器人雕刻（Viva Riva Project—New Deme）來向幼時經驗過的廢墟萬博致敬。這個作品，實際上是取自太陽之塔以及Deme（大阪萬博祭典廣場上的機器人之一）造型的各一部分來進行創作。而製作祭典廣場上機器人Deme的，正是磯崎；世代如此不同的兩位作家，便如此以萬博作為連結相互邂逅了。一九三一年出生的磯崎新，與一九六五年出生的矢延憲司，剛好相差卅四歲；而恰好就在矢延憲司參與這個展覽當時的年紀（二〇〇二年為卌七歲），磯崎新已經製作了「電氣迷宮」（一九六八年，磯崎新卌七歲）——這也是兩人之間讓人感到不可思議的緣分。

都市
クリフォード・D・シマック
CITY

AN INTENSE, KALEIDOSCOPIC VISION OF
HUGO AND NEBULA AWARD-WINNER
MICHAEL BISHOP
WELCOME TO ATLANTA...
CATACOMB YEARS

2

磯達雄

未來的兩張面孔

2-1 孩子們已經看見的未來

在大阪萬博的會場中，放眼望去盡是被父母拉著手帶出門的小孩們——而我自己也曾是那些孩子們之中的一個。在那裏映入眼簾的，是提早一步被實現的未來都市。然而萬博會場並非是孩子們第一次以閃耀著快樂光芒的眼神看著那樣的世界；這些孩子們早就已經從少年讀物以及漫畫中，大量地吸收了未來都市的各種意象。

例如擔任大阪萬博主題館副製作人的科幻作家小松左京，早已於一九六八年發表了《空中都市 008——青空市的故事》。這本少年科幻小說在一九六九年到一九七〇年間也曾經被製作成兒童節目在 NHK 播放，廣受日本孩童喜愛。

小說的一開頭，主角大原星夫準備要從郊外的一間獨棟房屋搬到空中都市去，而搬家的方法是用牽引機運送整棟房屋，並在五十層樓高的大廈下方，用起重機把房屋往上吊高至三十六層樓的地方固定住。

針對這個超高大廈的描述中提到它「有著如同旋轉螺絲般的造型」，其實就是黑川紀章以「東京計畫1961」發表的HELIX計畫[1]之一部分（在小說中的註腳中提及），因此也可以說是實現了黑川在一九七二年完成的中銀膠囊大樓這種所謂「膠囊建築」思維的產物。

隨著故事進行，在《空中都市008》中介紹了各式各樣的未來技術，如自動步道、空氣動力車、巨蛋都市、超高層大樓、運輸滑送道等等。小松左京在註腳中，將這些東西解釋為「各種試作品」、「模型實驗的成功」，因此讀了故事的孩子們，可能早就理所當然地認為這些未來技術在不久的將來就會被實現吧。

1／
黑川紀章在東京1961所發表的HELIX計畫是一個螺旋狀結構，是將都市空間除了垂直與水平的結構發展之外，提出第三個空間面向，結構上有點像是生命系統中的DNA概念，是作為一種資料傳輸的空間架構。

2-2 被圖解的未來城市

而更具影響力的是以少年為主要族群的漫畫雜誌。在大阪萬博開始之前的十年間，便是日本漫畫的興盛時期。一九五九年《週刊少年SUNDAY》、《週刊少年MAGAZINE》這些受歡迎的週刊漫畫雜誌相繼創刊，之後《週刊少年JUMP》、《週刊少年CHAMPION》等這些至今仍持續發刊的漫畫雜誌也陸續創刊發行。橫山光輝、石森章太郎[2]、藤子不二雄[3]、松本零士[4]等科幻漫畫家們就以這些雜誌為舞台活躍其中。此外，領導這股潮流的，還有漫畫界的巨人手塚治虫[5]；他的作品《原子小金剛》（一九五二～一九六八）被拍成電視卡通（一九六三～一九六六），相當受歡迎。其中所描繪的未來都市形象更使孩子們留下深刻印象。

2／

橫山光輝，本名橫山光照，知名代表作品有《鐵人28號》、《超人神童》、《三國志》等，並以《三國志》獲1991年漫畫家協會優秀賞。石森章太郎，本名小野寺章太郎，為《假面超人》特攝劇系列的原作者。

3／

藤子不二雄，藤本弘與安孫子素雄兩人共用的筆名，知名作品為家喻戶曉的《哆拉A夢》（舊稱小叮噹）；兩人共用「藤子不二雄」這個筆名直到1987年，之後分別以「藤子不二雄A」（A代表安孫子素雄）與「藤子不二雄F」（F代表藤本弘）作區別，而1989年，石森章太郎建議藤本弘將筆名改為「藤子・F・不二雄」，而安孫子素雄則維持「藤子不二雄A」為筆名。

的確，《原子小金剛》裡到處都是延續現代主義設計的超高層大樓群。只是，這些超高層大樓群多半是為背景存在，並沒有對「未來都市最後會走向何處？」這問題的積極回應。

不只是少年漫畫，手塚治虫的成人向漫畫中，也有描繪未來都市面貌的部分，例如《火鳥 未來篇》（一九六七～一九六八）中有著年老的地球人在封閉的地下都市生活的場景；而相對於此，《原子小金剛》中雖然經常出現機器人、電腦、光線槍、飛碟等未來技術，但較少直接以都市作為主題。其他作家受歡迎的作品情況也是一樣，六〇年代的少年科幻漫畫探求未來都市的程度，似乎不如預期所見。

倘若如此，那麼又是什麼在六〇年代的孩子們心中深植了未來都市的圖像呢？那正是雜誌的圖解彩頁，像是《我們》（ぼくら，講談社出版）、《週刊少年MAGAZINE》（講談社）、《少年》（光文社）等少年雜誌中，都有結合科幻漫畫的圖解頁，在這些

4／

松本零士，本名松本晟，代表作品有《宇宙戰艦大和號》、《銀河鐵道999》等。

5／

手塚治虫，本名手塚治，因喜歡昆蟲而將名字中的「治」改為「治虫」（日文皆讀為osamu）。他不僅是漫畫家、動畫家，同時也擁有醫師執照，也擁有醫學博士學位，不過據說並不曾實際診療過任何患者；代表作有《原子小金剛》、《怪醫黑傑克》、《海王子》、《多羅羅》以及《MV毒氣風暴》等，橫跨各種主題與漫畫類型範疇。知名漫畫家藤子不二雄A、石森章太郎，橫山光輝、松本零士、以及《一休和尚》作者坂口尚皆曾為其助手。

頁面中以短文輔以插畫，介紹了各種與未來都市有關的、或在未來都市中使用的未來技術等主題。

而畫這些插圖的正是小松崎茂[6]、中島章作、伊藤展安這些畫家。小松崎茂是在漫畫尚未流行前，以繪物語[7]為形式發表作品的創作者，後來因為市場被漫畫所佔據而導致工作銳減，因而也開始接受一些組合模型的盒裝彩繪工作。而中島章作、伊藤展安則是各自在插畫領域中活躍的插畫家。

他們的插圖，以完全不同於漫畫的寫實風格描繪了「應當到來的未來都市」圖像。像是以空橋連接的超高層大樓群、將大樓縫合起來的軟管道路，還有空氣動力車與直升機、巨蛋都市與海上都市等等。這些插圖經常混著海外科幻雜誌與建築家的繪圖，讓讀者不知道哪部分才是原創的東西；而孩子們就是根據這些插圖，建立了對未來都市的既定印象。

6／

小松崎茂，1945年生，插畫家。先後事師日本畫家堀田秀叢與插畫家小林秀恒。戰後開始連載代表作《地球SOS》，作品多在少年雜誌中刊登；為空想科學插畫家，也繪製許多模型盒繪。

7／

繪物語（絵物語）是插畫比例極高的小說，像是增多了文字量的繪本，也像是把漫畫的圖與文字格分離的東西。在文類上極為曖昧，然而在二次大戰前非常流行，也被認為是現代漫畫的原型。

2-3 科幻作品與都市計畫的共時性

當然，見到未來都市的並非只有孩子們。

一九五九年日本首發的科幻定期雜誌《S-F MAGAZINE》在早川書房創刊，該刊的總編福島正實，是以「能讓大人也樂在其中的高尚文藝文類」為定位來推廣科幻類型創作而創辦。儘管這波普及推廣中歷經了各種辛苦，但終於在一九六〇年前後帶來宇宙開發的競逐風潮，作為這股風潮的結果，科幻類型也成功地進入成人讀者市場。

就在這個時期，建築家們以大膽的想像力、密集發表了巨型結構的未來都市設計，如先前提到黑川紀章的「HELIX計畫」也是其中之一；代謝派的其他成員，像是菊竹清訓的「海上都市」

（一九五九、一九六〇），大高正人的「東京海上都市」以外，包括丹下健三的「東京計畫1960」（一九六一），磯崎新的「空中都市」（一九六〇）等計畫都屬於此類。

建築家們將注目焦點轉向未來都市，與科幻作品文本的興盛風潮幾乎是同一個時期，這個時間點的重疊並非偶然；而是因為對未來的強烈關心，一方面就表現在都市設計上，另一方面則以科幻類型的創作表現出來。

實際上，當時同時也作為科幻愛讀者的建築家並不少，而且科幻創作者們也對當時建築家們熱衷提出的未來都市計畫高度關注。在《S-F MAGAZINE》的創刊二號中，建築家大高正人發表了〈海上都市 TOKYO〉這篇文章，親自介紹了「東京海上都市」這個案子。由此可見，科幻創作的興盛以及對「未來都市」關心度的提高是在同一個層面上發生的。

8／

伊撒克．艾西莫夫（Isaac Asimov，1920～1992），科幻小說家。以其「基地系列」作品最為人熟知，他所虛構出的「機器人學三大法則」在後來的機器人類型科幻作品中經常被引用。海萊因（Robert Anson Heinlein，1907～1988）有「科幻先生（Mr. SF）」之稱，曾五次獲得美國科幻及奇幻作家協會頒發的星雲獎。布萊伯利（Ray Bradbury，1920～2012），除科幻小說外，也創作恐怖小說；代表作為《火星紀事》、《華氏541度》。

在日本觀察到的這種存在於科幻文本與都市計畫之間的關聯性，其實在作為科幻文本大本營的美國也有相同的狀況。美國早在一九五〇年、遠早於日本之前，就已經開始了科幻創作的風潮；艾西莫夫（Isaac Asimov）、海萊因（Robert Anson Heinlein）、布萊伯利（Ray Bradbury）[8]這些科幻巨匠們的代表作相繼誕生，科幻文本不論是品質或數量上都一度迎向高峰期；另一方面在建築界，包括萊特設計的「英里大廈」[9]（一九五六）、路康的「城市塔」[10]（一九五七）等，有名的建築家們也都在同一個時期發表各種未來都市的巨大建築計畫——在這裡也不難推敲出科幻文本與都市計畫的共時性表現。

那麼，在這些科幻文本中，又如何描述未來都市呢？接下來的章節中，我們一起看看具體的實例。

9/

由萊特（Frank Lloyd Wright）設計的英里大廈（Mile-High Skycraper），大廈名為「The Illinois」，因此亦稱為伊利諾大廈。

10/

路康（Louis Kahn）設計的城市塔（City Tower）也是一個未實現的設計。原本是為了費城（亦即路康的家鄉）所作。

2-4 封閉在巨蛋都市中

一如往常，捷運（Express Way）上擠滿了群眾。沒有座位的人站在下層，享有特權座位的人則在上層。人潮陸續離開捷運，走過低速帶後，有些人改搭每站都停的區間帶，有些人則上了月台，往下穿過拱道或往上越過橋樑，進入無盡迷宮般的城區當中。[11]

艾西莫夫的機器人科幻經典《鋼鐵都市》（一九五四年出版，台灣版譯作《鋼穴》），生動地描寫了以大規模的移動步道系統將各地連接在一起的嶄新紐約。小說中由於人口增加而使都市文明產生了激烈變動，也實現了所謂的高密度都市。在被巨大穹頂覆蓋的都市裡，約有二千萬人生活其中。當時地球的總人口數已達八十億，因此正開始朝地球以外的星球進行殖民。

11／

原書摘自日本版的《鋼鐵都市》，本書此處摘自中文版同段落，艾西莫夫著、葉李華譯，《鋼穴》，貓頭鷹出版，2008，頁39。

故事的主角以利亞．貝萊如此批判著「過去的」都市：

想想看，十萬個家庭分住十萬座房屋，和一個含納有十萬單位的社區相比，何者更有經濟效益？每個家庭各有一套膠捲書，和整個社區有全部的膠捲書相比呢？每戶各自擁有一套視聽設備，和整個社區裝設中央視聽系統相比又如何？比較它們之間的差異，就能明白何者的經濟效益低落。[12]

不僅是巨大的集合住宅，有如網際網路般的情報設備、互動型影音系統等未來技術，都在小說中逐一登場。人口增加促進了都市高效率化，從小說中可以看出，艾西莫夫認為是技術革新實現了這種高效率化；主角也在故事中這麼提到：「這個城市才是人類文明達到極致的見證！」

由穹頂覆蓋的巨蛋都市之價值在於能夠預防颱風等自然氣象災

12／同上，摘自中文版艾西莫夫著、葉李華譯，《鋼穴》，貓頭鷹出版，2008，頁43。

害，不會受到雨或雪等天候惡化的影響，能夠有效率地運作空調，防止住民被有害光線以及大氣污染所傷害等等。

為了達成這個目的，建築家也提出各種巨蛋都市的概念提案，如奧圖（Frei Otto）提出在北極露天挖掘的礦山上搭蓋居住都市（一九五三），或是富勒張拉穹頂覆蓋整個曼哈頓的計畫（一九六〇）等；儘管目前尚未實現真正由穹頂覆蓋的都市，但富勒所設計的蒙特利爾萬博．美國館（一九六七）、大谷幸夫在大阪萬博所設計的住友童話館（一九七〇）等，都是這種巨蛋都市的縮影。

在小說《鋼鐵都市》中，都市內的居民都籠居在穹頂之下、閉不出戶，出到穹頂外面對他們來說是相當恐怖的事情。對巨蛋都市的描寫在此後的科幻文本中也不斷重複出現，同時，與《鋼鐵都市》一樣，將之視為一種閉鎖社會的描述也開始變多。

美國作家畢曉普（Michael Bishop）曾經撰寫過名為「亞特蘭大都市」的系列小說，如《A Little Knowledge》、《Catacomb Years》。這系列故事所描寫的廿一世紀美國，已經不再是州際聯邦（united states）的形式；過去的大都市被各個穹頂所覆蓋，成為一個一個各自孤立國家。居住在裏頭的人們認為只要出到穹頂外面就會遭受汙染，因此沒有人想出去；在這個社會中流行的是一種在穹頂內側像攀岩一樣的攀登運動。

在電影中也有像《2300年未來的旅程》[13]這樣的文本，描寫了人類從環境汙染中逃走而居住在巨蛋都市中的故事；巨蛋內是到處由管狀交通系統所連接的未來都市，也是一個認可自由性愛、類似於烏托邦一樣的地方。然而為了人口調節，在這個都市中，人只要一到三十歲就會被處死；不能接受這項規則的人就成了逃亡者。主角與反抗組織的成員們一起逃亡到巨蛋外面，才發現巨蛋外其實是可以居住的地方，也在那裏遇見了與自己異質的人類，受到相當大的震撼。

13／

Michael Anderson 執導，原名為 ***Logan's Run: Welcome to 23rd Century***，1967 年上映。

2-5 住在巨大居所裡的人們

本章主要從一九五〇至一九六〇年代間所出版的科幻文本中進行取材。為何那個時代的作家們，都以都市作為創作主題呢？這是由於當時人口急遽增長這樣的社會背景。

一九六一年，世界人口超過三十億，形成了所謂「人口爆炸」的問題現象。如果比照這種速度繼續增加人口的話，都市或建築將會變成什麼樣呢？這樣的提問讓科幻作家們發揮了想像力，深入地考察這個問題。

例如，J．G．巴拉德的短篇小說《至福一兆》[14]的社會背景，即是世界總人口達到兩百億、其中百分之九十五居住在都市之中的設定；不論那個街道都是人潮滿溢的情況，十字路口則因為擁

14／
James Graham Ballard, ***Billennium***, 1961.

塞而造成交通癱瘓。其中，在最令人煩惱的住宅問題上，一個人平均可居住面積被嚴格規定為四平方公尺；即使有訪客，也只能在床沿邊並肩坐著。故事中，主角搬到位於樓梯空隙的出租屋，那裏因為有樓梯裡側的空間，因此樓地板面積比標準稍微多了半平方公尺。「如果是這樣的話就能放椅子，即使有訪客來也不會脖子痛了。」正當主角這麼想時，管理官發現了，便以「這個房間是二人房」為由，將主角趕出去。

而巴拉德的另一部作品《大建設》[15]中，主角居住在名為「KNI」的都市中。那裏是一千層樓高、佔地一萬立方英哩、有三千萬人居住的地方；這個郡所在的第四九三號地區，共內含有兩百五十個郡；而包含第四九三地區在內的一五〇〇個地區則形成編號第二百九十八號的都市聯合體。在這個世界中，都市可以往上下左右各個方向無限延伸；故事的主角深信在某處必然存在著不屬於都市空間的「自由空間」，並為此努力尋找。

15／
The Concentration City，原名 ***Built-Up***，1957 年出版。

隨著都市擴大、合併鄰近的都市，就會形成巨大的帶狀都市地域，這就是所謂的「巨型都會」（megalopolis）。在六〇年代美國介於波士頓／華盛頓特區之間的區域，或是日本的東京／大阪之間的地帶，都曾被認為是這種巨型都會空間的實現。都市計畫設計師多夏狄斯於一九六七年將「整個世界被同一個帶狀都市所覆蓋的狀態」的構想命名為「世界都市」[16]，但早在這之前，這種極端巨大的都市身影已經被小說家巴拉德在《大建築》這個作品中以寓言的方式描述過了。

在描述世界人口爆炸、巨型結構住宅登場的科幻小說中，席維伯格所寫的《內裏的世界》[17]相當有意思。小說中出現的「都市單子」[18]，是位於都心周圍地區的千層大樓，會讓人聯想到英國建築電訊或日本代謝派的巨大都市計畫。整體可供八十八萬人居住的都市單子中，其內部四十層樓分別以「上海」、「芝加哥」等都市名稱來命名；原本是都市之中容納著建築物的情況，在這裡反而逆轉成建築物樓層裡容納著都市的現象。

16／

「世界都市」（ecumenopolis）這個概念，由希臘都市計畫建築師多夏狄斯（Constantinos Doxiadis）於 1967 年提出，認為整個地球在都市擴張的情況下，最終會成為「世界都市」，即整個世界融合成一個巨大的都市。

17／

Robert Silverberg, ***The World Inside***, 1972.

故事主角生活在名為「上海」的第七百九十九層裡，這裡有一百二十個世代、共八百零五人在此生活。九十平方公尺的家裡有六至七人生活著；在這種超高居住密度中，住民們幾乎毫無隱私可言，與他人共躺在同一張床上睡覺成為理所當然的常識，男女私通則成為社會習慣。

若談到日本的科幻文本，就不能不提到光瀨龍的代表作品《百億之晝與千億之夜》[19]，描述了遙遠未來的地下都市 Zenzen city（ゼン・ゼンシティ），那裡矗立著玻璃帷幕的超高層大樓，有著與外界隔絕的廣闊內部空間：

> 選擇單間（compartment）是比較適合的，附有直徑約一公尺的圓蓋，就好像公墓一樣。上下共有多少階梯呢？四周圍延伸出去究竟有多大都無法測量。

這段描述很容易就讓人聯想起代謝派建築家黑川紀章所提出的膠

18/ 都市單子，urban monads，簡稱 urbmons。在 Robert Silverberg 的小說中，都市充斥著都市單子，巨大的千層高樓以星群的方式配置，避免讓任何一個建築的影子遮蓋到另一棟建築物；一個 urbmons 分割為廿五個自給自足的四十層樓的「城市」，依據樓層安排位階秩序，管理階層們居住在最高的樓層裡。每個建築最高可含納八十萬人，每年有超過總數的三千萬人口則移居到新的 urbmons 中。

19/ 光瀨龍（1928～1999），本名飯塚喜美雄，筆名的由來是井上靖小說《Champion》中拳擊手的名字。作品含括領域極廣，除科幻外，也創作歷史、時代小說。這裡提及的小說原名為《百億の昼と千億の夜》，一九六七年出版。

囊建築。居住在Zenzen City裡的人們，閉鎖在小小的房間裡生活著，最後造訪這個都市的主角試圖打開閉鎖的門，但開門的那一瞬間卻也同時死去。令人驚訝的是，在此處生活的人們似乎全部都共同感受到了死者的苦痛——因為他們正是作為群體，如此地生活下去。

在Zenzen City中，一邊將老舊部分捨棄淘汰、讓其整體能繼續使用的這種膠囊建築手法，與在此處生活著之居民的人性同步運作。光瀨龍以科幻小說的手法繼續追尋著「未來都市如何使人類改變」這個主題，並以小說的形式展現出來。

2-6 成為廢墟的都市

將現下的問題安插入未來時空的科幻文本中，對未來的描寫經常讓人感覺到灰暗；若將此推到極致便是描寫成為廢墟的未來都市，一九五〇～一九六〇年代的科幻作品意外地有很多屬於這樣的類型。

例如愛德蒙．漢彌頓（Edmond Moore Hamilton）的《City At World's End》（一九五一）中，描述了美國某個小城因為受到核子實驗的影響，而在街道中發生了時空穿越；居民們穿越到遙遠未來的冰凍地球上後發現了以穹頂籠罩的巨蛋都市。然而，這個以令人驚訝的科技所造就的巨大未來都市裡，卻連一個人也沒有，是一個廢棄的都市。在克利福德．唐納德．西馬克（Clifford Donald Simak）的連續短篇《都市》（一九五二）中，都市則被看成是人類文明的象徵，但故事中取代人類、支配文明的狗族們卻捨棄了都市。

這個時代，也有不少建築家關注著成為廢墟的都市。例如磯崎新的「孵化過程」中（一九六〇），便以向空中伸展的巨型結構與石造建築的廢墟影像相互重疊。磯崎表示自己當時非常著迷於科幻小說，因此沒有完全被樂觀的未來主義所浸透。

到大阪萬博為止前的這十幾年間，可以被總括為萬能科學技術使人們相信著玫瑰色幸福未來的時期，但是，這絕非百分之百的樂觀主義。無論是閃亮動人的技術烏托邦或是荒蕪的廢墟，在科幻文本或建築中都能看見這兩張截然不同的面孔。

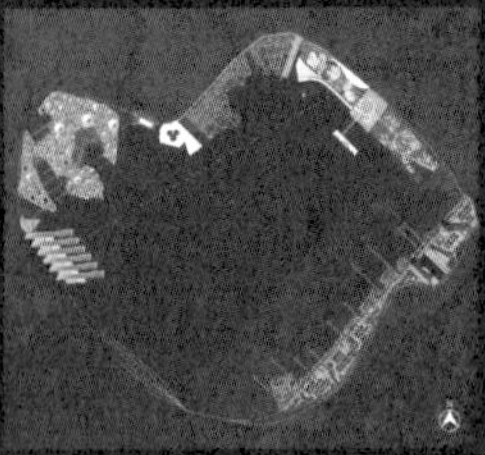

3

五十嵐太郎

對於東京的想像力

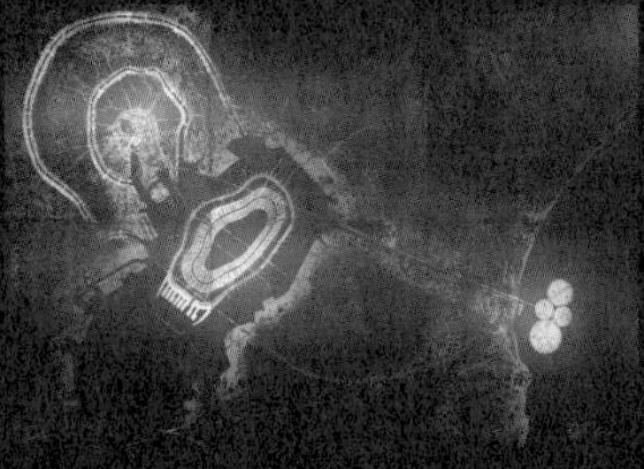

3-1 從丹下健三到黑川紀章

東京計畫 1960 的衝擊

一九六一年丹下健三研究室所發表的「東京計畫 1960」（見圖錄 P.296），以其縝密的調查、大膽的構想與視覺性的衝擊，在建築家們提出的都市計畫歷史中成為重要的里程碑。特別是那張在東京灣內線狀人工地基延伸計畫的俯瞰圖令人難忘。如果只就設計來說，菊竹清訓與英國的建築電訊都相當有名，但與丹下這個提案相比的話，幾乎只能算是孩童的塗鴉程度罷了。當然雙方給人的印象都相當強烈，但「東京計畫 1960」卻是包含著「未來」的龐大計畫。

相反的，希臘都市計畫家多夏狄斯雖然也從地球規模的角度針對因應人口膨脹的時代而發展出都市論，但卻沒有像丹下那樣明快的視覺圖像。

研究生時期的磯崎新與黑川紀章也加入其中、共同合作的「東京計畫1960」，是集結了東京大學的優秀學生們，進行了稱之為「丹下研究室總力戰」也不為過的高密度計畫。儘管現在廿一世紀的日本所面臨的是人口不斷減少的危機，但在一九六〇年代當下卻相反地有著人口壓倒性增加的社會問題。為了容納這些增加的人口，這個計畫提出將東京的土地拓張到海上人工建地的構想，並由磯崎負責設計建造位在空中、以自由連結系統連接辦公街及居住棟等區塊的巨型結構。相對於之前提過的空中都市，「東京計畫1960」主要尋求海上的出路。在當時，也有其他如日本住宅公團總裁加納久朗[1]所倡導、利用核爆來崩壞鋸山、以之填平東京灣的「新首都建設」（一九五八）計畫，以及岡本太郎的「休憩之島」計畫[2]（一九五七）等這些既有的構想（丹下健三、藤森照信《丹下健三》，新建築社出版）。

1／

加納久朗（1988～1963），日本銀行家、政治家。於1955年擔任日本住宅公團總裁，並於1958年提出「新首都計畫」（新しい首都建設），內容是將東京灣的東半部大規模填平，將皇居轉移到在填海生成的地面上，建設新首都「大和」（ヤマト）；並且在富津岬附近設置國際機場，水資源則利用利根川上游的沼田水壩，並將霞浦與印旛凡沼蓄水池化。另外，也以「平和的核爆」來進行土地活化工程，以核爆將房總半島的山夷平，大規模農地化。

2／

休憩之島計畫（「いこい島」計画）為岡本太郎於1957年提出位於東京灣岸地區的遊樂島（leisure land）構想。

然而不只是建築，「東京計畫 1960」對行動電話的出現以及各種高機動性的生活方式預言，也觸及了資訊化社會以及傳播通訊議題，是相當位於時代尖端的都市計畫。而針對汽車普及、即將到來的「車社會」（motorization）時代，則由黑川紀章負責規劃稱為「循環運輸系統」的新交通計畫；這個交通計畫是對應三種不同行動速度的三層式構造，將大量輸送的大眾交通系統與個人移動道路整合在同一個系統中、並能夠接連各地區環狀道路的運輸系統。

計畫中最重要的，莫過於丹下健三所偏好的軸線都市設計。丹下認為，具有自給自足性格的向心型／放射狀模式的都市，一旦動線回到都心、要繼續往各方向前進時，就會造成交通混亂，同時都市成長也會受到限制。因此，在「東京計畫 1960」中，他倡導一種打開的線型／平行射狀系統，其概念是「不將都市構造固定下來，就像是不斷成長的有機脊椎動物一樣」。

無論是戰時的「大東亞共榮圈建設營造計畫」競圖一等案（一九四二），還是敗戰後的廣島和平紀念資料館（一九五二）的設計，丹下健三都嘗試以一條力道強勁的中軸線連結複數設施，這種試圖用都市尺度來設定的空間設計概念，在「東京計畫1960」中也延續了下來。這個計畫引起了相當大的迴響；而後也在丹下的著作《日本列島的將來像》（講談社現代新書，一九六六）中發表了將國土論再進而擴張、透過都市圈相互連結而形成帶狀東海道大都會的構想；這個想法否定了向心構造，轉而追求將都市軸線擴張、使之最終成為貫穿日本的動脈。在這之後，丹下也發表了在東京灣上製造數個人工島的「東京計畫1986」（一九八六）。

代謝派（Metabolism）的視角

接著介紹一下代謝派與其相關的其他建築家所提出的東京計畫。

黑川紀章的「新東京計畫—五十年後的東京」（一九五九）是一個模擬出將雙手雙腳張開之人體的都市計畫，其中描繪了作為都市軸線寬達三百公尺、並朝向海洋的東京大道（Tokyo Boulevard），以及兩旁林立的超高層大樓景象。大高正人的「東京海上都市」（一九五九）則是在東京灣中以環狀填海造地，造出以C字形連續、寬約一公里的工業區帶。磯崎新與曾根幸一的「新宿計畫」（一九六〇）則是配合當時「大樓高度不得高於三十一公尺」的限高規定，透過名為「JOINT CORE」的系統，在空中自由連接各建築上部的都市提案。槇文彥與大高正人的群造型計畫（一九六〇），則是把淀橋淨水場遺跡的區域都含納進來，在橫跨車站的東西兩側設置人工土地；他們不以整體來決定部分，而是倡導「將作為個別集聚地的既存街道縫合」的概念方向，這樣的手法與槇文彥所設計、位於代官山的「Hillside Terrace Complex」一案也有相通之處；而大谷幸夫的麴町計畫（一九六一）則嘗試以居住的空間單位來重新編造街道。

終極的都市設計

若要說有哪一位建築師是一生致力於提出東京計畫，那就是黑川紀章。他在「東京計畫 1961 － HELIX 計畫」中，設計出以雙重螺旋形式展開的巨型結構體。一九八七年發表的「東京計畫 2025」（見圖錄 P.297），則是以能廿四小時活動的情報都市為基底，將東京灣打造成五百萬人居住的新島，並在此建造新的國會議事堂，同時也描繪了在既存的東京中以超高層大樓和環狀運河構成雙重連結。到這個計畫提案為止，針對東京灣的填埋造地計畫已經很多，但「東京計畫 2025」的最重要特徵，是大膽地將水路也考慮進來。

在二〇〇七年過世之前，黑川紀章還參選了東京都知事。雖然給人稍微唐突的印象，不過媒體對他的華麗表現與宛如「富豪刑事」[3]角色的獨特性印象深刻，也針對這位特立獨行的世界級建築家做了各種富饒興味的報導——儘管它們本來應該針對的是都

3／
《富豪刑事》是由科幻小説家筒井康隆於1978年出版的偵探小説。小説主角神戶大助為家境富有的刑警，經常利用父親的龐大的資產辦案。

市問題的討論。這放在都市論的脈絡中來說，也算是意味深長的行動。在海外，也有建築評論家馬西莫．卡奇亞里（Massimo Cacciari）擔任威尼斯市長的前例，但在日本像黑川這種例子還相當少見。

二〇〇六年，日本國內在討論申辦二〇一六年奧林匹克運動會時，應該是一個得以討論各都市未來發展問題的機會，但遺憾的是媒體不斷地將之簡化成石原慎太郎都知事與福岡市長山崎廣太郎雙方個人性格對決的八卦報導[4]；在建築家這邊也演變成安藤忠雄（作為東京申奧總策畫）以及磯崎新（福岡市申奧總策畫）之間的對決。因此，二〇〇七年黑川紀章參選東京都知事的行動，也可以被視為是在都市設計戰場上的出征。當然，有週刊報導提到，可能由於東京奧運計畫是委託給安藤忠雄，因此黑川對自己作為建築家卻被置於事外而感到非常不快，進而反對申奧這點[5]，或許也有這樣的因素也說不定；只是若閱讀黑川一系列的著作以及訪談，就會發現他對東京的單一中心集中化、或是成為投機對

4／

2006 年東京都與福岡市爭奪代表日本申辦 2016 年奧運，期間東京都知事石原慎太郎與福岡市長山崎廣太郎在媒體上言論激戰。

5／

黑川當時的競選政見，包含就任一年無給薪、不使用官舍、積極推動一部分首都機能轉移，以及中止東京申奧。

象的都心再開發計畫等，原本就打從心底無法認同。

同年三月五日，黑川發表的宣言中，也提及了首都機能的部分轉移、促進都內綠化，以及以縮小政策為基礎的集約都市政策；這同時也是對石原提出持續追加龐大資本投入、使之日益膨脹的東京中心主義視角提出質疑。黑川也提到了文化建築的保存問題；在這裡或許也有他希望自己的代表作、有著存續危機的「中銀膠囊大樓」能夠繼續留存的感情含納其中也說不定；而他的參選則讓這些問題都再次浮上檯面。另外，在聲明中，黑川也倡導將以都心為中心的放射狀結構轉換為非中心的環狀都市結構，這當然並非是一時奇想或是晚年的糊塗，而是持續地延續了他從一九六〇年就開始的主張。

過去東京都知事鈴木俊一與丹下健三的合作關係是眾所周知的；兩人從大阪萬博、到新宿的東京都廳舍建設為止一直持續合作，以政治與建築的緊密關係建構了東京都市風景。然而黑川並沒有這樣的夥伴——因為當時的東京都知事石原慎太郎將東京奧林匹克計畫委託給了安藤忠雄。這麼一來，作為最終極都市設計的都知事參選，或許也免不了有球員兼教練之嫌。不過黑川也在聲明中表示了，若是當選都知事，黑川事務所將不接受都內建設委託設計，後續將由其他建築師來分包工作，自己成為「超（meta-）建築家」[6]的都知事。

6／
亦即擔任「位在建築師們背後」的建築師、並非站在第一線的建築師都知事。

3-2 七〇年代以降的東京計畫

烏托邦的衰退

一九七〇年代以後，建築家們所提出的烏托邦式都市計畫急遽減少，磯崎新談及這點時，認為這是一種「從都市撤退」的現象；當然，一九七〇年代兩次石油危機帶來的不景氣也是重要原因之一。結果造成，日本的都市設計並沒有託付給建築家；像是位於新宿西口副都心的超高層大樓之類的設計案，實際上幾乎都委託給了大型設計組織或綜合工程承包商。

七〇年代以後提出的東京計畫，包含吉阪隆正、武基雄所提出的「東京再造計畫」（一九七〇），承接了之前提出的首都移轉概念，是企圖將山手線的內側作為「昭和之森」進行綠化的提案；

接著，尾島俊雄的下町曼哈頓構想（一九八四）則是在江東三角洲地帶建造超高層大樓，讓都心的夜間人口回流；一九九〇年代藝術家荒川修作提出了在臨海副都心打造非直線、刺激身體的「宿命反轉都市」空間[7]；而宇野求與岡河貢的東京計畫2001（一九九七—二〇〇一）則關注灣岸地方，並提出類似套房摩天大樓（one-room skyscraper）等新穎的集合住宅形式。

另一個都廳舍

在西新宿的高層大樓群中，最引人注目的就是東京都廳舍（一九九〇）。

兩座巨大的高塔使人聯想起巴黎聖母院的輪廓，看起來就像是為東京而建造的墓碑。這是現代主義巨匠丹下健三朝後現代轉向的設計。

7／

「宿命反轉都市」空間是由藝術家荒川修作（1936～2010）所提出的概念，他認為人所身處的環境會直接地影響人的自律行動，因此不同於將房屋蓋得讓人感覺舒適又便利，荒川將給老人使用的房屋特別設計得很複雜、讓人不便利，但透過不方便的室內設計，讓老人們增加活動量，而能延長上天給予的授命，得到養老的結果，意為「宿命反轉」。

這個建築雖然在設計之初就因成本問題而引起極大爭論、在媒體上引起眾聲喧嘩，現在卻成為東京的知名地標。筆者經常從非建築專業者處聽到像是「覺得都廳舍怎麼樣呢？」這樣的提問，也就是說，不論喜歡與否，東京都廳舍都已經是知名度相當高的建築。這也總是讓筆者想起另一件夢幻的都廳舍設計作品，那是磯崎新在一九八五年的東京都廳案競圖中提出、幾乎可以說是思想犯類型的落選案；它提供了與現存的都廳舍截然不同的概念。（見圖錄 P.298）

都廳舍的設計競圖除了丹下健三以及其門生磯崎新之外，還有日本設計與山下設計等，合計九個團隊獲得了參與競圖的權利。即使現在再次審視這些設計案，丹下與磯崎的這兩個案子仍舊非常與眾不同：丹下的入選案擁有最具象徵意含的造型，或許也因為如此，市民與媒體的接受度並不大；而另一方面，磯崎案是唯一沒有採用超高層大樓的設計案，而是宛如大型長方箱子橫躺著的建築。參照競圖要點，會發現超高層大樓是競圖案的必備條件，然而磯崎新卻否定這個要件，從根本地質疑了「市政廳（City Hall）」的意義。他認為市政廳建築並不是要在高度上與其他建物競爭，而是必須以建築內在是否能擁有寬敞的廣場空間為優先考量，因為「City Hall」這個字在辭源上的意義是能夠收容全市民的大廣場。也就是說，比起權威的紀念碑式建築，磯崎更希望能打造一個開放性的公共空間。此外磯崎的都廳舍案因為是長型建造物，橫向截斷了公共道路而違反規定，也因此更加清楚地凸顯他想提出的公共性問題。

之前在接受筆者面訪時，磯崎曾經提出「不是應該將建築視為室內化的廣場嗎？所謂『市政廳建築』，應該以能將市民全部集合起來的大聖堂為必要條件」的想法。亦即，如果說丹下所完成的東京都廳舍是模仿大聖堂的型態，磯崎參照的則是大聖堂的空間。同時磯崎也做了這樣的心情告白：從一九六九年占據新宿西口的反戰集會[8]被驅逐這個歷史記憶中，希望發展出一個不管是什麼樣的市民都能夠自由進出的公共場所。

8／

此指 1969 年國際反戰日（10 月 21 日）於新宿所發生的大規模街頭抗爭事件。1968 年的國際反戰日在新宿車站，由新左翼團體領頭集合示威，並且衝入新宿車站破壞及縱火；當時七百多人受到逮捕。一周年後，新左翼各派重新匯集於新宿，再次與自衛隊發生抗爭衝突，這次逮捕人數高達一千五百人。

這個夢幻都廳舍在辦公室空間上的設計也相當有趣。磯崎認為，在超高層大樓中，不同目的地之間交通都必須使用垂直移動手段，很容易引起交通混亂、造成效率低下。他在舊都廳中調查了文書流通與會議交流的經驗，結論是認為必須採用不同於中央集權組織的系統，才能讓都廳建築裡獲得更有效的機能運作，而複雜的橫向網絡可能達到的機能性，是超高層大樓所無法企及的。

磯崎的設計案擁有相當引人注目的外觀：有屋頂上的球體（都議會場）、金字塔等，也有立方體（國際會議場）以及高尖塔；這些形體在說明中都註明源自於柏拉圖的立體圖像思考。荒俣宏[9]則從地相學的觀點來進行評論；他認為西新宿的安田火災海上大樓是尖尖的火星型，住友大樓凹凸不平的屋頂是水星型，其他如四角的土星型和棒狀的木星型也都在這個區塊中一應俱全，只有圓形的金星型要素不夠。而磯崎設計案恰恰就具有金星型的要素，相當適合這個地區；同時，磯崎設計案自身就完整集合了五行的全部要素。

9／荒俣宏（1947—），日本博物學者、小說家、神秘學者同時也是妖怪評論家與翻譯家。

總而言之，如果都廳舍是象徵民主主義建築的話，或許以投票來決定是最好的方式，然而，到廿二世紀的時候，恐怕連現存的都廳舍都已經不復存在，對未來的人來說，確實不論以哪種方式來建造現在的都廳舍都無所謂吧。而或許是因為預知了這樣的未來，磯崎為他的都廳舍設計競圖案製作了即使經過數百年仍能確實存留的木造模型——即使實際建造出來的都廳舍建築本身都已經消失不復存在，創意與想法卻仍能永久存留下來。

3-3 回歸綠色街道的東京

縮小？還是擴大？

最後，介紹一下廿一世紀以後的設計案。

與有著擴張企圖的「東京計畫1960」相對照，東京大學教授建築家大野秀敏的「纖維城市（Fibercity）2050」（見圖錄P.299），是為人口減少與環境議題的時代擬定戰略的都市計畫。不同於過去不允許浪費、採以機能分區的「平面」思維，他採取如織品般的長條「線狀」或紐帶狀的空間思維，試圖對都市空間進行重新組織。大野秀敏表示，「Fibercity」的視角是從槇文彥得來的靈感；它並非是一個統括全體的總體計畫，而是積極地捕捉東京原有的零碎特性，提出以下的方針：第一，「綠手指」，將郊區住宅集中在車站周圍，形成集約都市之網絡；第二，「綠帶間隔」，將木造密集市街地用綠色防火牆分割成小區域；第三，「綠之網」，將首都高速公路的一部分轉換為綠化道路；第四，「街道皺褶」，透過線的要素，在均質的都市之中織造出極具場所性的皺褶。不依賴格狀與軸線，而是織出像布一樣柔軟的城市構造。以永續為目的而採以縮小模式這點，與重視公共交通機關與步行者、根據既存市街地的活性化來創造都市再生的英國建築師理察・羅傑斯（Richard George Rogers）所提倡的集約都市之間具有共通性，不同的是大野秀敏是以線狀纖維作為再生出東京特性的切入點。

另外，八束はじめ（Yatsuka Hajime）則以提倡永續的集約都市的脈絡，回到「東京計畫1960」，並以五十年後的視角提出了「東京計畫2010」（見圖錄P.300），描繪出全球化時代膨脹的都市未來像。大量移民流入、社會階層激烈分化；帶著猙獰面孔的全球化市場加速了資本的流通，並與科技結合、敦促高樓大廈不斷增生，這便是所謂的超代謝派（Hyper Metabolism）觀點。然而，八束所提出的並非是光明樂觀的烏托邦，而是在灣岸地區形成線狀的巨型都會，並繼生出超高密度都市的可能現實。

建築偵探的「東京計畫 2101」

從正中央折斷的東京鐵塔，傾斜的底部與折斷朝下的尖塔整個泡在水裡；這是被水淹沒的東京。以填海造地擴張的東京海岸線逐漸撤退，剩下的陸地則回歸綠色世界，充滿洞穴的原始建造物佇立其上；就像 Tama 樂團所唱的〈再會了人類〉[10]那首歌一樣，這是朝向退化的我們的未來世界。這也使人想起一九八六年上映的科幻電影《人猿星球》[11]中，最後一幕中被地面埋住一半的自由女神像。

藤森照信提出的「東京計畫 2101」（見圖錄 P302）中，展現出地球暖化現象持續惡化、導致海平面上升的廿二世紀姿態——這是在廿一世紀初就已經開始想像的廿二世紀可能場景。而於「藤森建

10／

Tama（たま）是 1984 年開始活躍於日本樂壇、以民謠搖滾（Folk Rock）為主要特色的樂團的樂團，由知久壽燒、石川浩司、瀧本晃司所組成，於 2003 年解散；〈再會了人類〉（さよなら人類）是他們最具代表作的曲子。

11／

《人猿星球》（*Planet of the Apes*，中文正式片名為《浩劫餘生》）為 1968 年由美國導演 Franklin James Schaffner 所執導的科幻電影系列，根據法國作家 Pierre Boulle 的同名小說（法文原題 La Planète des singes）改編而來。故事描寫宇宙航行員們在外太空中被迫降落於一個行星上，結果發現那是一個由人猿支配人類的星球。2001 年曾由提姆波頓翻拍，台灣譯為《決戰猩球》，

築與路上觀察」展（東京 Opera City Art Gallery）展出的「東京計畫 2107」中（見圖錄 P.303），則加入成為從中攔腰折斷的東京鐵塔模型。作為建築史家或「建築偵探」[12]而被熟知的藤森照信，一九九〇年代中期開始就以建築家身分活躍地展開活動，然而他的東京計畫之所以特別有趣，正是因為其中暗含了藤森的歷史觀。

在這個未來東京中，並沒有敵托邦式的科幻場景，反而滿溢著藤森式的幽默：白色木造（！）[13]的高樓大廈並列其中，將原本以鐵、玻璃與混凝土構成的都市轉化成木頭的世界。根據藤森的說明，為了對應二氧化碳增加導致地球暖化現象惡化，我們應該活用能夠吸收二氧化碳的森林與珊瑚；因此以木頭與珊瑚作為材料的話，就能成為建築界對抗地球暖化的良方。這與選擇與腐海共生的宮崎駿的《風之谷》中對未來的想像有共通之處。

「東京計畫 2107」本來是以「東京 2101」的名稱來發表，很自

12／

藤森照信曾經撰寫一系列以「建築偵探」為主題的書籍，包括《建築探偵 雨天決行》、《建築探偵 神出鬼沒》、《建築探偵 奇想天外》等書。

13／

此驚嘆號為原作者所加。

然地讓人聯想到到丹下健三的「東京計畫1960」；這個半世紀前所描繪的未來都市中，描繪了人口爆炸性成長、突出東京灣的巨型結構擴張景象，而藤森照信所描繪出來的圖像卻恰恰與此背道而馳——並非讓建築進駐海上，而是讓海再次浸蝕陸地，就如同中沢新一的《熱愛地球者》[14]一樣，帶領讀者再次回到地形具有重要意義的繩文時代風景。相對來說黑川紀章的「東京計畫2025」則同時帶有雙方面的意象：既在東京灣內建設人工島，也同時興建兩條新的環狀運河。

近年來的建築家們因為畏懼批評而不再提出巨型的都市計畫提案，然而喜歡觀察路邊小小舊玩意兒的藤森，卻以截然不同的思維輪廓繼承了這項工作。

14／
中沢新一、《アースダイバー》，講談社，2005年。

3-4 首都移轉論

遷都論的系譜

在一九九〇年代引起熱烈討論的「首都移轉論」固然值得注目[15]，然而住宅數量缺乏、交通堵塞等嚴重的都市問題早在九〇年代前已有相關的討論。例如，一九六〇年都市社會學者磯村英一曾提出「富士山麓遷都」（將皇居、國會移轉至富士山麓），一九六四年建設部部長河野一郎等人配合建設部聯合發表了「新首都建設構想」（在靜岡縣浜名湖附近建設一千人左右的都市）；一九七一年戶沼幸市與吉阪隆正也提出了「新首都北上京計畫」（為了多極化分散，而在東北設置廿五萬人的小都市）；一九八七年東海銀行所提出的「名古屋遷都論」（在對經濟有利的考量下採取既存都市並置的遷都論）與大都市問題WG[16]提出

15/

首都機能轉移即為將首都的立法、行政、司法等功能從首都東京轉移到其他地方，以避免東京過度集中化的現象，原本是1990年代日本推行政策改革與地方分權的主張之一，當時在國會也通過將國會等機構移轉至其他都市的相關決議。1995年日本發生地下鐵沙林事件以及阪神大地震時，出於對恐怖行動以及天然災害的認識，使得首都機能轉移的討論益發熱烈。

16/

Walking Group（ワーキンググループ）是一種在社會或政治等層面問題發生的時候，所組織起來解決問題的非官方特別小組，簡稱WG。此處指以解決大都市問題所組織的特別小組。

的仙台重都構想（為了預防東京的重大災害而在仙台設置第二首都）等等[17]。

塚田博康的《二〇〇一年的東京》（岩波書店出版）中提到，實際上遷都論的發端是來自一九七五年二月超黨派國會議員與知識分子們所發起的「新首都問題懇談會」，由當時的國土廳長官金丸信擔任會長，並提出了高達五十五萬人、面積八千一百公頃、轉移費用為八兆八千億元這樣大規模的的新首都構想，不過並沒有什麼進展；一九八八年，以金丸信為會長繼續發起了「關於首都機能移轉調查會」。在一九九〇年國會參眾兩院進行決議之前，國會議員中已經有兩百三十人是「新首都問題懇談會」的會員；接著一九九〇年十一月在國會開設百周年所訂立的未來目標中，確立了「相應於廿一世紀的政治‧行政機能」這個議題的細目；而一九八七年所成立的「第四次全國總合開發會議」中，亦將首都機能移轉作為國土政策的重要課題。

17／
市川宏雄，《「NO」首都移轉》，光文社出版。

接著稍微介紹一下支持首都移轉論的論點：曾任職於通商產業省、經濟企畫廳的堺屋太一[18]認為，以打造「最合適的工業社會」為目標的戰爭時期官導體制建立了日本社會的標準化、卻也帶來東京的過度集中化，因此創造出了「失去日本整體多樣性可能、經濟上來說效率低落的社會」；而這樣的社會型態，自八〇年代以來，已經使東京在經濟、生活、文化等各方面遭受極大損害。為了革新日本習以為常的諸多制度，各方提出了各式提案以解決東京問題；包括因為現實上無法做到而使事態惡化的「改都」提案，或者有擴大混亂之疑慮的「展都」方案（丹下健三與黑川紀章提出、在外觀上過於虛榮的東京灣填海構想也包含在內），以及非現實性的「分都」等，堺屋太一對這些提案加以批評的同時，也提倡相較於「遷都」、規模較小的「新都建設計畫」（《「新都」建設》，文藝春秋，一九九〇）。他將這個新都設置在「日本列島的中央」，一開始設定為廿萬人居住的規模，並將既有的村町都納入其中，以打造「優美的小型政府」；這麼一來，閒置下來的永田町[19]以及霞關[20]就能開啟東京改造的道路，以廿一世紀世界

18／

堺屋太一（1935—），本名為池口小太郎，除曾任通商產業省官僚、經濟企畫廳長官之外，同時也有小說家與評論家的身分，也是早稻田、關西學院大學教授。小說作品以近未來小說、歷史小說為主。

19／

永田町，日本東京都千代田區南端，因此處設有國會議事堂、國立國會圖書館、總理大臣官邸（日本首相府）、眾議院議長、參議院議長公邸、自由民主黨本部、民主黨本部、社會民主黨本部等日本政治機能核心機構，因此成為政治中心區的代名詞。「永田」來由是因江戶時期永田姓設置於此的屋敷「永田馬場」轉變而來。

都市的形象而繁榮起來。在堺屋太一擔任委員長主導的「新都建設問題特別委員會」裡，安藤忠雄是唯一參與的建築家。

政治家小沢一郎則繼續跟進對東京過度集中的批判及推動地方分權，提出了「鼓勵遷都」的意見（《日本改造計畫》，講談社，一九九三）。這個提案的主張並非是以打造另一個東京為主，而是針對行政權過度集中於東京的現象，認為必須貫徹將行政權分散至地方的分權作法；這個概念不同於東京切除論，指出了「往地方的權力分散才是拯救東京的唯一道路」。

國會議事堂何去何從

那麼，建築家們的觀點又是如何？

儘管「遷都論」是都市問題，但倘若真的移轉了國會，當然就需要建設新的國會議事堂。明治末期一九一〇年，建築學會已經針

20／

霞關，指東京都千代田南端，從櫻田門到虎之門之間一帶，鄰近永田町，不同於永田町是政治行政中心，霞關是政府行政機關集中所在地，如總務省、外務部、法務部等中央行政機關幾乎都位在此區。也因為政府部門林立，因此成為 1995 年奧姆真理教發起的地下鐵沙林毒氣事件中受襲擊目標之一。

對「日本將來的建築樣式應該如何」舉辦了歷史性質的討論會，包括伊東忠太、長野宇平治、佐野利器[21]等知名建築家都參與其中，也使這場會議成為日本近代建築史教科書必定提及的知名事件。說起來，之所以召開這個討論會的原因，是辰野金吾為了要讓建築界介入政府推動的「新國會議事堂計畫」，藉由舉辦這場競圖比賽來推高聲勢。在當時，這個討論會跨越世代藩籬、並集結了當時具影響力的建築家以及建築學者們一起參與、討論共同關心的議題。像這種能夠匯聚大部分建築家共同討論的話題，現在已經不復存在。

特別值得一提的是，磯崎新在遷都論上略帶反諷意味地表示，應該解除首都移轉的三百公里限制，在淡路島成立新政府（《磯崎新的發想法》，王國社，一九九八）的想法[22]。因為，如果把都市建立在島上的話，肥大化的可能性也很低，也就能夠設置小型政府並促進地方分權；如果依循國土計畫的構想，這裡也是非常好的交通地點；這麼一來或許也能算是贈送給阪神大地震復興活

21/

伊東忠太（1867～1954），日本知名建築家、建築史學家，致力於亞洲建築與日本傳統建築的研究，著有《日本建築研究》、《東洋建築研究》等，建築代表作則為築地本願寺。長野宇平治（1867～1937），建築家，對台灣來說最知名的設計作品即為台灣的總統府。佐野利器（1880～1956），建築家、構造學者，1914年所寫的《家屋耐震構造論》為日本建築建立了耐震構造學基礎。

22/

1995年在「總理府國會等移轉調查會」中提出首都移轉的地方條件之一為新首都所在必須距離東京60至300公里以內、從都心起算四十分鐘車程即能到達機場之處。淡路島位於大阪，與東京距離約400公里。

動的禮物吧。另一方面，在《古事紀》[23]裡，淡路島最初即是作為神話的場所而存在，因此相信右翼也絕不會反對這樣的提議。此外，磯崎新還提出了將皇居遷回京都，將空下來的場所作為市民公園的想法。另外，因為阪神大地震的關係，任教於京都大學的竹山聖也發表了「神戶新首都」計畫（一九九五，《GAJAPAN》十四號），將神戶區分為中心地區、國際・文化・交流地區以及居住地區，作為廿一世紀的都市模型。

以數位建築著稱的渡邊誠[24]所設計的新國會議事堂，則是利用透明玻璃構成的塔狀物以及軟管接合，打造出不定形的建造物。這種對透明性的追求，讓人聯想到英國建築師諾曼・福斯特（Norman Robert Foster）為柏林國會大廈設計的玻璃穹頂；同時，渡邊誠還製作了國土廳簡介手冊，在簡介的插圖中，新國會議事堂被綠色風景所包圍，以透明大巨蛋外觀，以及內部置入最新型的資訊器材作為特徵。這雖然並非是正式的設計圖、從頭到尾都只是想像的草稿，但卻直接表現出了「被國民所打開的政治・

23/ 《古事紀》為日本最早的歷史書籍，為日本元明天皇命太安萬侶所作。

24/ 渡邊誠（1954—），出生於日本橫濱市，是以電腦輔助建築設計的代表建築師，在電腦軟體尚未普遍運用時已利用自己編程出的軟體實際建造數位建築。

行政中心」這樣的親近與開放感。過去那種利用議事堂的厚重感表現出國家（nation state）威信的想像，已經消失在現在這種強調政治透明性、減輕其存在感的綠色烏托邦之中了。

反首都移轉

在國會移轉決議之後，以首都機能移轉為中心的九〇年代動向，我們將在此處做個總結。

一九九五年「國會等移轉調查會」[25]將新首都界定為人口六十萬人，面積九千公頃的規模，報告書裡記載第一階段建造計畫是將國會與中央官廳結合起來的國會都市（十萬人，兩千公頃），移轉首都的候補地則設定為距離東京六十公里以上三百公里以下，從國際機場約四十分鐘即可到達的場地。國會等移轉審議會認為符合該條件的地點包含了宮城、茨城等共有十個場地[26]，針對這些地點再進而以「新資訊網絡的對應性」、「土地順利取得的可

25／原文為「国会等移転調査会」，意指國會等行政、政治機構的移轉。

26／這十個場地包括宮城地域、福島地域（栃木福島地域）、栃木地域、福島地域、茨城地域、岐阜・愛知地域、岡・愛知地域、三重地域（三重・畿央地域）、三重地域、畿央地域。

能性」等十六個項目進行評分，討論結果於一九九九年十二月在國會中關於首都機能轉移報告與答辯時間中公佈，將「栃木・福島地區」與「歧阜・愛知地區」選定為正式的預定地[27]。

其中，獲得最低評價的「三重・畿央地區」，在該地自治會幹部陳情後，被認為如果將高速交通網加以整頓的話，也許有機會成為候補地；「茨城地區」則表態支援「栃木・福島地區」，期待雙方能產生地域上的互補效應。如此選出複數的預定地，大概也有希望透過競爭原理，讓議題討論更加熱烈的意圖吧。

九〇年代以來，東京的世界都市博覽會與土木工程計畫等，巨大的都市提案都因為媒體與市民運動而被迫中止。以反對而博得人氣的東京都知事石原慎太郎也表明了其姿態。根據世論調查，東京都民對這類計畫的反對比例是國民全體的一倍以上。

而就反對論的立場，大概可以舉出以下幾種說法：移轉的發想太

27

國會等移轉審議會《國會等移轉審議會答申》，1999年12月20日。

老舊；在現今這個資訊化的時代，只討論物理性移轉是沒有效果的；與其只是蓋一個盒子，不如優先考慮地方分權與放寬管制。一旦少子化時代來臨，東京的人口集中的情況就會自然弱化，而這也會使東京魅力不再，也失去了全球競爭力。

市川宏雄的《「NO」首都移轉》（一九九九）便是相當典型的反對論；理由是新首都不能帶來錢潮，移轉的經濟負擔便會直接轉嫁到在地住民身上。東京本來就牽引著日本的經濟，而東京的「混沌與無秩序」這個特徵，便說明它仍處於都市的成長階段，這也與「單一中心集中才具有經濟能力」這個全球化都市論的論點有共通的認識。

針對東京單一中心集中的修正、災害對策以及對行政改革的提早防備、國際化的對應等這些問題，只用財政觀點來檢視是不足夠的；同時比起改造東京，或許更需要的是尋找相應的對策。當然，對於「為了提出廿一世紀的都市模型，首都移轉是必要的嗎？」

這樣的問題，空想不也極具價值嗎？總之，倘若沒有一個明確的觀點、而單單只考量轉移與否的話，將會造成很大的困擾；然而也沒必要對廿一世紀的都市像全盤否定，因為世界上並沒有千年王國，未來也不知道會起什麼變化，對不同首都所在可能性的想像並非是無用的；教條主義式對移轉的反對，就宛如連這樣的思考都是罪惡一樣，這也否定了可能性的開展；然而關於都市的思考，不該如此停滯不前。

在皇居蓋美術館吧

最後介紹藝術家彥坂尚嘉[28]的「皇居美術館空想計畫」（《空想皇居美術館》，朝日新聞出版，二〇一〇）（見圖錄P.301）。世界各地的知名都市中，觀光客必定會參觀如羅浮宮美術館或大英博物館等這類大型博物館，但東京並沒有這類的建物。因此，或許可以在皇居建造美術館、收集日本國寶，並將各地古建築移築過來。雖然這只是天馬行空的提案，但似乎很有意思。羅蘭·巴特

28/
彥坂尚嘉（1946—），現代藝術家、藝術史批評家。

（Roland Barthes）曾經指出，在東京中心，皇居是作為一個空虛而存在著；不論哪個建築家都不曾針對這個空間提出大膽的計畫案，在這層意味上，皇居不只是一個物理上的空白之處，也是思考中的空白地帶。彥坂尚嘉卻向這個空白挑戰：如果皇居作為美術館對外開放，天皇遷回原來傳統的京都御所，或許從近代延續以來的日本歷史將會有所改變。

在筆者擔任策展人的二〇〇七年里斯本建築三年展中，日本區就邀請了彥坂尚嘉與建築家新堀學合作，展示了「皇居美術館」這個計畫案。新堀學的設計案如下：巨大的美術館沿著圓圈，橫跨皇居外苑、東御苑與北之丸公園，然後朝面對著國會議事堂與國會圖書館的櫻田濠擴張，仍然保持圓形。這麼一來，最高法院的一部分就會被挖出一個圓形來——這是多麼超現實主義的風景啊。換言之，這是使皇居中心的透明球體變得可見的設計，也讓人明快地感受到這個一直沒有被意識到的東京空虛中心，及其中所帶有的看不見的力量；當然這個中心仍然是空白的。這也令人想起對磯崎新所設計的筑波中心大樓的討論，有些人認為他排除日本古建築，根據西洋建築的調查來進行設計，是企圖對國家肖像進行批評。另一方面，淺田章也指出，羅蘭·巴特所談到反覆出現的「空白中心」構造正是日本的欠缺；而新堀學的設計則將皇居空間問題的困難以表象呈現出來。

4

磯達雄

作為未來都市的東京

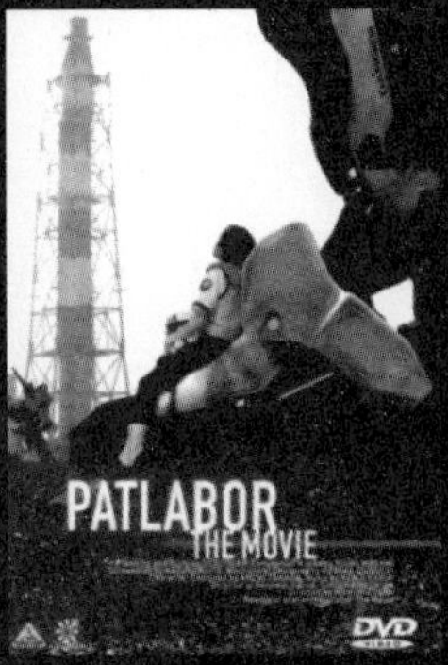

4-1 東京，曾經的未來都市

科技城（technopolis）・TOKYO

一九七二年公開放映的科幻電影《飛向太空》[1]中，曾經拍攝了東京的首都高速公路上馳走的車流、將之剪接在電影中長達數分鐘，作為對未來都市的描繪。

雖然影片中大多是在地下道內奔跑的影像，但一出地面後的街景就能看出這是在赤坂見附與一之橋附近地區拍攝的畫面。對於生活在東京的日本人來說，這是日常生活的風景（像是「飯倉出口」這樣的路標也會映入眼廉），可能完全沒有未來城市的感覺，但以複雜的立體交叉影像捕捉的大量且整齊的汽車流動光景，在俄羅斯導演安德烈・塔可夫斯基的眼中，就是照映著未來感的畫面。

1／

科幻電影《飛向太空》（*Solaris*），1972年發行，由安德烈・塔可夫斯基（Andrei Arsenyevich Tarkovsky）執導，改編自Stanislaw Lem的科幻小說。此片獲坎城影展評審團大獎以及人道精神費西比獎。本片在莫斯科與蘇聯的Mosfilm studio拍攝，然而劇中角色之一——前太空員Burton駕駛汽車不斷穿越隧道進出未來城市一幕，是在東京的赤阪拍攝。

不過，實際上塔可夫斯基在未來城市中使用首都高速公路是第二選擇；《塔可夫斯基日記》（鴻英良等譯，キネマ旬報社）中提到，其實他本來是希望以一九七〇年舉行的大阪萬博會場作為拍攝未來都市的場景，然而因為許可證延遲，到達日本時萬博已經閉幕，不得已才拍攝了東京的首都高速公路。

結果，這個電影以高度經濟成長末期的現實東京為場景，在我們面前上演不同觀點的科幻電影中所描寫出的未來都市。

以東京作為未來都市素材的外國電影，在這之後也不斷出現。雷利．史考特導演的《銀翼殺手》[2]也是其中之一。作為電影背景的洛杉磯是到處聳立著巨大建築、空氣動力車到處飛行的未來都市，但同時又有被映著藝妓影像、掛著日語字幕的巨大電力看板完全覆蓋了視野的猥雜混沌街道。這樣的都市景象，也讓人感覺彷彿是身處在東京新宿的歌舞伎町。雖然描寫的是未來的洛杉磯，卻與現今的東京相互重疊了。

2／
Sir Ridley Scott, ***Blade Runner***, 1982.

這麼污穢的近未來都市圖像，是屬於一九八〇年代科幻界一股被稱為電馭叛客（Cyberpunk）運動的風潮。開啟這個類型的科幻小說便是威廉．吉布森的《神經浪遊者》[3]。其中，第一部「千葉市憂鬱」中便有這樣一句知名的開場白：「海港與天空的顏色，就是與空頻道合襯的 TV 的顏色」，而電馭叛客的故事就從千葉港口，也就是東京灣岸的風景作為起點，揭開簾幕。即便是之後的作品，威廉．吉布森也不斷地讓日本或日本人出現在小說內容中；他給日本讀者的訊息便是：「你們是活在未來的」。

《銀翼殺手》以及電馭叛客的作家們都認為，東京才是最先端的都市。為何他們會如此一致地注目著東京呢？

其中之一的理由是，日本人被看成是擁有先進技術的代表；例如像 TOYOTA 或 SONY 等日本公司，都以生產具有精密性能的優秀高科技產品著稱，而這些公司也被認為在未來的市場中很可能會稱霸世界。

3／

William Gibson , *Neuromancer*, 1984.

另一個理由則是東京不同於其他的歐美都市，有著缺乏統一感的混沌；而相對於亞洲其他地區的猥雜，卻又給人一種說不明白的不可捉摸之感。也因此，那之中好像有著會生成出某種創造的可能性。在現代主義支配的時代中，東京被認為是「混沌而完全無用之所」而受到蔑視；然而在後現代主義眾聲喧嘩的八〇年代，則轉變成「因充滿混沌而有所趣味之處」——其混亂在不同的時代中得到了完全相反的評價。

如此與外國人的視點並行地，在日本內部也開始出現覺察到東京之趣味的人。像是黃色魔術交響樂團（Yellow Magic Orchestra）的《TECHNOPOLIS》（一九七九）與沢田研二的《TOKIO》（一九八〇）都是這個時代的流行歌曲。

七〇年代的轉折點，就在於有著空中道路、乾淨的現代都市開始轉為帶著混雜污穢、卻充滿活力的後現代都市，關於未來都市的意象開始產生大幅度的變化；並且，不論是現代都市或是後現代都市，都以東京作為想像的原型。關於《銀翼殺手》以及電馭叛客的討論，將稍後在第八章陸續展開。

4-2 廢墟蔓延的都市

污穢的未來都市推到極致後就成了被棄置、作為廢墟的都市。

科幻類型小說或電影，經常將東京描繪成荒廢的世界。例如永井豪從一九七三年到一九九〇年為止數度中斷、但仍然持續在漫畫雜誌上連載的《妖獸都市》[4]便是其中的代表作。以已遭受破壞的文明社會受到肌肉猛男們暴力統治為背景的電影《衝鋒飛車隊》（*Mad Max*）（一九七九年）以及其續集《紐約1997》（一九八一年），還有漫畫《北斗星拳》[5]等，從七〇年代末至八〇年代期間，有相當數量的科幻作品都引用了東京作為未來都市意象，其中《妖獸都市》即是作為先驅的作品。

這個故事是以受到巨大破壞後的關東地方為舞台。一九七X年

4／原書名為バイオレンスジャック，*Violence Jack*。

5／原作：武論尊，作畫：原哲夫，JUMP COMICS，1983～1988。

九月十日，發生了芮氏規模八點九級、被稱為「關東地獄地震」的地震。而後接續發生了火山爆發、地盤下陷，導致山崩地裂而使關東地區斷成兩半，房總半島也與本州脫斷而自成一個島嶼，使東京陷入孤絕狀態。這之後因為地震頻發、導致修復工作困難重重，東京的法與秩序也隨之崩解，化為一個廢墟一般的世界。這個漫畫所描寫的，便是在這樣荒廢的世界中，仍然為了生存而戰鬥的人類群像。

同樣地，以大地震後的東京為舞台的還有菊地秀行的傳奇小說《魔界都市〈新宿〉》（一九八二）。一九八X年（改寫後的完全版則將時間改為二〇〇X年）九月十三日，首都正下方發生了大地震，震源為新宿車站地下五千公尺處。在這個被稱之為「魔震」的震災中，受損害的區域相當不可思議地僅限於新宿：新宿區的區界地面龜裂開來，與周圍的其他地區隔絕；與外界的聯通剩下位於四谷、早稻田、西新宿的三個大門。為了調查震災而來到此處的自衛隊員陸續發生了行蹤不明等事件，導致修復工作受到妨礙，政府也因此放棄該區的復興，致使新宿該地區成為逃亡罪犯以及流鶯集中的魔窟。少數沒有損壞倒塌的建築，則根據不同情形進行功能性的轉用，如市政府建築成為醫院、早稻田大學理工學部則成為飯店等。

作者在東京中選擇新宿，並將之設定為「魔界」的理由，是因為執筆書寫這個小說時，新宿正依據現代計畫的設定、而以「新都心」的型態進行各種整備。正因為都市計畫中將汽車與步行者的動線分離開來的政策，讓作者置入其內部隱藏了暗黑力量的設定，並進而將這股力量釋放出來。小說中將西新宿的高樓大廈區設定為如古代環狀石柱群般具有神靈力量之處，是一旦進入之後就不可能再平安回來的「高危險地帶」。

另外，也介紹其他以稍微不同於廢墟的形式，想像東京為「非．未來都市」的小說；例如荒俣宏的《帝都物語》（一九八五～八七）。

荒俣宏將東京設定為千年來鎮壓住平將門怨靈[6]的都市，描述了要破壞東京的平將門一方與要保護這個城市的陰陽師一方，雙方進行神靈戰爭的傳奇小說。這個系列是從明治時期的東京開始描述，卷中首次觸及未來東京、並以此為舞台的是第八卷《帝都物語（八）未來宮篇》。

這一卷從描寫晴海埠頭近海區的海上地震觀測裝置開始。角川書局版中由插畫家丸尾末廣所繪製的海上觀測裝置插圖，其外觀與菊竹清訓在沖繩海洋博覽會時所設計的「海上都市1975——Aquapolis」非常相似。不同的部分是，小說插畫中的海上地震觀測裝置有著像蠟燭般的柱子，會透過火焰顏色的變化來傳達地震發生的訊息。

一九八六年，伊豆大島的三原山火山爆發之後，包含三宅島、八丈島、淺間山也相繼爆發，地震頻發引起了走山。當時伊豆諸島、伊豆半島、和房總半島的大量難民流入東京都內。儘管當初在填

6／

平將門為日本平安時期的豪族，曾對抗京都朝廷的朱雀天皇、自立為「新皇」，後來遭討伐而戰死，死後首級運至平安京掛在獄門上展示。在日本古籍〈太平記〉中曾寫及，因為帶著深沉的怨氣，因此掛在獄門上的平將門首級經過數月也沒有腐爛、雙瞳瞪大宛如生前，到了夜晚還會叫喊「我的其他身體軀幹四肢到哪兒去了？」等。由於其故事極具傳奇色彩，因此與平將門怨靈作祟相關的創作文本相當多。

海造地區域馬上開始建設組合屋，但卻無法跟上難民數量增加的速度；最後政府規定，無論是否為公共空間，只要是一定規模以上的建築物全都必須開放一部分作為組合屋用地，因此包括辦公市大樓中六樓以上都成了難民營，高級飯店也變成眷村一般的風情。築地本願寺、三越百貨、國會議事堂都流入了大量的難民居住其中；或許可以說，在當時，東京便大膽地完成了用途轉換的未來圖像。

4-3 破壞與再生的反覆

怪獸電影可以說是把東京當成廢墟之虛構文本的開端。作為怪獸電影類型經典的《哥吉拉》（一九五四），是描寫因水下核爆實驗而醒來的巨大生物，以雙腳步行從東京登上陸地。哥吉拉橫掃而過之處建築物皆應聲倒塌、口中吐出的熱射線燒光了整個街町。而另一部怪獸電影《摩斯拉》（一九六一）中，則是描寫巨型蛾的幼蟲將東京鐵塔折斷，並且吐出絲線將自己包覆成一個繭。電視動畫《鹹蛋超人》的系列作品，也不斷地重複東京被怪獸們所襲擊並遭受破壞的場景。

像這類怪獸電影的特徵還包括，在前一集故事中被怪獸破壞的東京街道，到了續集裡卻呈現完全復興的狀態，恢復成一如往常、平安無事的街道。

充分意識到這個特徵、並將之納入背景設定的便是《新世紀福音戰士》這部動畫。在故事中，二〇〇〇年九月十三日發生了名為「第二次衝擊」事件的大災害，而導致東京毀滅[7]，因此選擇芦之湖湖畔建設了新首都。這個都市，在外觀上就如同普通的都市一般到處矗立著高樓大廈，然而實際上這裡卻是必須與外來的異樣生命體「使徒」到處戰鬥的迎擊專用要塞都市。兵器庫偽裝成一般大樓的一部分，而廣大的地底空間（Geofront）則是特務機關本部；通用人型決戰兵器「福音戰士」也從這裡出發，迎戰使徒。動畫中特別有意思的設定是，每當「使徒」來襲時，所有的地上高層建築物都會被收納入地下，直到對戰結束後才會再度恢復回到地面上。

這個都市的位置雖然是芦之湖湖畔，但卻被命名為「第三新東京市」。這個無論是消滅與再生都可以迅速重覆的都市，仍然採用「東京」這個名字；至於其原因，就像是在怪獸電影裡的東京，即使被破壞殆盡也可以迅速再生。而現實的東京也是如此，經常

7／
在《新世紀福音戰士》（1955～1956）中，「第二次衝擊」（second impact）在官方文件中是一場「大質量的隕石墜落」、撞擊地球南極所引發的災害，導致地球生態鉅變、海平面上升等末日般的災難；其真相實際上是一場人為的秘密任務導致第二次衝擊發生。

重複著廢舊建新的活動。這一個不斷往復於破壞與再生之間的代謝城市，就是東京。

4-4 未來都市的孵化器——海洋

東京的破壞與再生形態，還可以在某些近未來的虛構文本中看見。

大友克洋的《AKIRA》（一九八二～九〇），是在一九八二年以漫畫的形式開始連載，一九八八年則由大友親自導演改拍成科幻動畫電影。

在這個世界裡，一九八二年時（動畫電影版則是一九八八年）因為新型炸彈爆發導致世界毀滅。故事開始於二〇一九年，舞台則是東京灣填海之後的人造都市：新東京（NEO TOKYO）。這個都市中有著高密度建造的超高層大廈群、縱橫相交的高速公路，並且即將舉辦二〇二〇年奧林匹克運動會。這是迅速出色地完成復興計畫的新東京，然而這個新的都市也因為超能力者「AKIRA」的覺醒而再次崩壞。

另外，動畫《機動警察PALTLABOR》[8]則是以歷經大地震的近未來東京為背景。整個故事的中心軸線是環繞著被稱為「勞工」（LABOR）的多足步行式產業機械，如何透過「巴比倫計畫」這個大規模的土木工程而普及化的物語。

所謂「巴比倫計畫」，是為了清除大地震帶來的大量瓦礫、以及對應地球暖化後的海平面上升現象，所發想的東京灣大規模填海計畫。劇場版電影《機動警察PALTLABOR——the Movie》（一九八九年）中，整部電影都圍繞著因電腦病毒而引起的「勞工」暴走事件之謎，調查之後才發現，引發「勞工」暴走事件的主要原因，是巴比倫計畫在東京灣所建設的「方舟」——故事中在海上的多層構造物裡發生的戰爭使整個電影達到高潮。

8／

原名為機動警察パトレイバー，電視版為1988年播映。

前面提及的《妖獸都市》，雖然描述的幾乎都是都市文明退化的場景，但也有所謂「未來都市」出現的篇章。比如「Hyper grapple篇」的背景，是浮在東京灣上的「Aquapolis未來市」；這是關東地獄地震後建設的海洋漂浮都市（也被理解為菊竹清訓在沖繩海洋博覽會發表的Aquapolis擴大版），此地被超能力的淒之王所奪佔，成為集合賭博、毒品、殺人、鬥毆等非法活動的樂園。

事實上這個Aquapolis未來市是將淒之王的夢想實體化的都市，因此，當他與特警之間的戰爭失敗後，都市裡的建物、汽車和人也全部消失了。海上都市就是這樣如同海市蜃樓般短暫的地方，在海面上浮浮沉沉。

這三個虛構文本的共同點在都著眼於破滅後的東京，並都在東京灣上建設了新的未來都市。

實際上建築家們所設想的都市計畫中，也不斷重複地使用了東京灣。前面第三章中提到，包括丹下健三於一九六一年發表的「東京計畫1960」，大高正人的東京海上都市案（一九五九年），黑川紀章的「東京計畫2025」（一九八七）都是如此。已經實現的都市計畫——包括東京臨海副都心、幕張新都心、以及橫濱港區未來21地區（みなとみらい21）等大規模的新都心計畫，也都是透過東京灣的填海計畫所造就出來的。

東京未來都市就在海上誕生。這個傾向並沒有隨著日本高度經濟成長期的終結而結束。對於許多東京夢想者來說，海洋仍然是未來都市的孵化器。

4-5 被水佔據的都市

未來都市以海為目標——倘若這麼想的話，破壞都市的也可能同樣是海，像是來自海中的哥吉拉、摩斯拉等怪獸，還有《帝都物語》中測量大地震的裝置也同樣放置於海上。被海水破壞殆盡的部分在海上被重新創造出來。這就是東京的未來。

很多人指出東京其實是與水緊密相關的都市。例如建築史家陣內秀信在其著書《東京的空間人類學》中提到，「東京的低窪地區可以媲美義大利威尼斯，是富有魅力的水之都」。雖然現在的東京已經被堤防擋住視線而不見河川、被高速公路蓋住了水路而不容易理解河川走向，但在其基礎部分仍然還是堅實的「水之都」構造。東京的未來圖像不斷地與海水有強烈關連這個面向，與其都市基本形態也有莫大的關係。

這一章的最後，讓我們來談談作家小野不由美的《東京異聞》（一九九四）這部傳奇的推理小說。這部小說從不可思議的起點開始。

城市的街道從海底的泥濘中浮了上來。

時代的設定並非是未來而是在過去，是剛剛開始文明開化的明治時期。而作為舞台場景的東京，或者應該說像是東京又並非東京的這個都市——「東京」，那是在煤氣燈的光影投射下，物怪橫行的世界。

故事的結尾更加令人印象深刻：神秘的解謎結束之後，突如其來的大洪水襲擊了街道，「東京」就這麼被水淹沒了。

從海中誕生，且歸諸於海。東京就是這樣一個被水佔據的都市。

5

五十嵐太郎

近代烏托邦的系譜

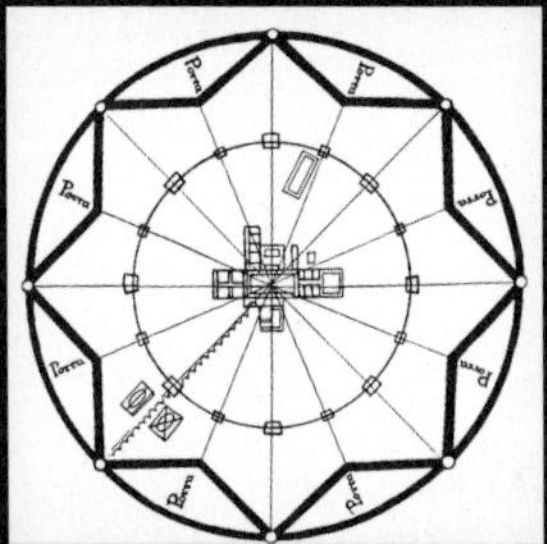

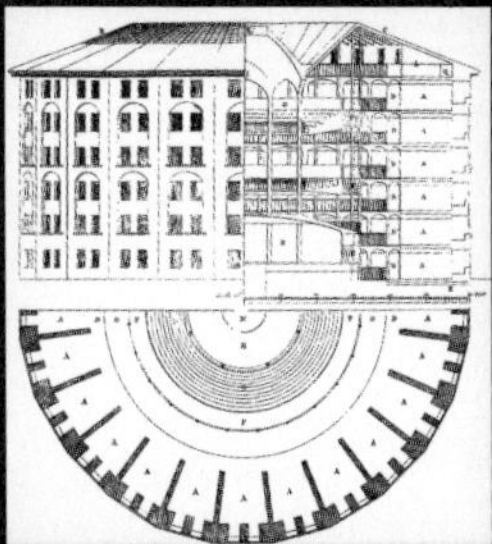

5-1 文藝復興時期的都市計畫

文藝復興時代的建築家們，以圓形、多角型等具有理念的形態來構想出幾何學式的都市計畫。例如佛羅倫斯建築師費拉萊特（Filarete, Antonio Averlino）的理想都市 Sforzinda（見圖錄 P.304）是由純粹的圓形和星形組合，再加以極度抽象化而構成。但機能導向的李奧納多．達文西（Leonardo da Vinci）所做的都市計畫設計，卻不是這種從白紙上空想生成、古典烏托邦式的計畫，而是對實際都市進行改造這樣現實向的工作為起點，因為達文西認為，都市的再構成必須朝著將都市視為有機體的方向來加以思考。幾何學式的烏托邦計畫欠缺隨時間變化的預設，是靜態的設計。在建築界中，以生物的類比（analogy）來構思都市的思維方式，可以公推一九六〇年代的日本代謝派或其中的「東京計畫1960」作為代表。

達文西針對米蘭大教堂的八角塔工程，也使用了醫學比喻來向建設委員們說明：建築就如同人體一般，要醫治建築就必須由建築家來擔任醫師的角色，將建築視為活生生的有機體來進行病源診斷、並將之治癒。當然，將建築比擬為人體是自古以來就有的概念，古典主義的建築即是以比例作為媒介、將建築疊合於人體來思考；達文西自己也從羅馬時代維特魯威（Marcus Vitruvius Pollio）的建築理論中得到靈感，畫出了那張由圓形與正方形內接、知名的「維特魯威人」像。如果從達文西的藏書目錄來看，他應當也研讀過阿爾伯蒂（Leon Battista Alberti）的建築論，對能獲得美之形態的比例論肯定也相當熟知。然而，作為醫生的思考並非是外觀上的比例論，而是思考看不見之力量的流動、以及如何解決構造問題等這類動態性的介入。

或許，達文西已經根據其所試驗的解剖學，反映出他對新人體的關注。在建築中使用醫學的比喻是相對近代的產物；正當柯比意對古都巴黎進行改造時，也採用了與達文西幾乎相同的想法，以醫生作為比喻來說明建築家的工作。當然，現代主義企圖打造的更大目標是衛生且健康的都市，這麼說來，由於一四八〇年代的慘重鼠疫，達文西也設計了米蘭都市改造計畫；並且為了避免過度密集化，設置了通風良好的十條環狀新市街，是推進都市分散化的改造計畫。這可以說是來自近代，為了解決都市衛生問題的實踐式思考吧。

那麼，倘若不透過改造，該根據什麼來思考理想都市的型態呢？達文西留下了以下的筆記：

> 街路N比起街道PS高了六個臂[1]。……車馬等不得通行上道，因為那主要是給紳士們專用（的步道）。下道則供給馬車、貨車和其他民眾通行。
>
> （《李奧納多．達文西的手記（下）》，杉浦明平譯，岩波文庫）

1／

建造歌德式建築時使用的單位為臂（Braccia）。據說使用這種單位的地區以翡冷翠近郊為主，1Braccia為0.586m。

這裡所描寫的，是包含約三點六公尺高、寬度十二公尺的通行道，以兩個層面所構成的都市網絡。下層是供貧苦的人們通行以及搬運、貨車等服務動線所使用，上層則是為了經營都市生活的紳士們所建造的，與巨大建物（Palazzo）的主要樓層二樓直接相通；傾斜的通道設計也將雨水的處理考慮了進來。早在那個還沒有汽車的年代，就已經發想了步行天橋（pedestrian deck），而且也另外安置了讓垃圾與汙水處理流往下水道的網絡。

基本上，與烏托邦式計畫那種專致於將符合美學標準的幾何學投射在平面上的作法相比較的話，達文西的設定是相當富有立體感的都市構成。導入高度的概念，以垂直方向來整理交通網絡，是近代以來相當顯著的都市設計手法；柯比意或是丹下健三的設計裡也包含著立體的交通網絡。就這點來說，達文西可說有具有壓倒性的先見之明。當然，不論是人、馬車、垃圾，他針對任何物品移動路線的興趣，或許就是透過人體解剖而理解的血液、神經網絡而來的吧。

5-2 革命與烏托邦

勒杜[2]·「Chaux 的製鹽都市」

克勞德—尼可拉·勒杜是出生於動盪的法國大革命時代的建築家。他年青時喜好古典主義，受教於賈克·布隆戴爾[3]、並掌握了其創作風格；其後受到杜巴利夫人[4]的寵愛，因此得到相當多的工作機會。一七三六年出生的他，在大革命發生時約莫五十多歲、並同時擁有王室建築家的封號，隨後卻旋即入獄並亡命斷頭台上。

革命對他來說是人生的轉捩點。這位建築師雖然被奪走華麗的建築實作機會，卻也在皇家製鹽廠以及周邊的既有建物上發揮了移花接木的想像力，在此打造出心中的理想都市。在勒杜於一八〇

2/

Claude-Nicolas Ledoux (1736 ～ 1806)，法國新古典主義建築師，曾建造兩座知名的建築：皇家製鹽工廠以及巴黎城牆。

3/

Jacques-François Blondel（1705 ～ 1774），出身於法國的建築師，最初是一位建築雕刻家。普遍被認為是法國學派最早的奠基者之一。

四年出版的《在藝術、風格與法治關係下考察建築》中，可以窺見這整個大計畫的全貌，書中包含了關於建造物的長篇文章、都市全體圖以及各個建造物的設計平面圖、立體圖和斷面圖等內容。

從遠處瞭望群山的整體鳥瞰圖（見圖錄 P.305）中，位於圓圈中央的是監督官所在，作為都市中心的監督館，兩邊則是製鹽用的工廠（在第一次提案中，全體原本是以正方型作為基準的平面）；由於配置有中央監視系統，因此屢屢被拿來與邊沁提出的、具有強烈向心性的圓形監獄（Panopticon）[5]相比較（見圖錄 P.306）。這是實際上被建造出來的建物，雖然一九二六年發生過該建物所有者用炸藥爆破建物的事件，但現今也已經復原，從里昂搭乘火車約三小時，就可到達阿爾克村（Arc）與沙努爾村（Senang）[6]當地參觀。目前殘存的是前半圓部分的建築物；後半邊的半圓與圓環外側的各種建物，除了勒杜書內的記載以外，沒有留下任何痕跡。

4／
杜巴利夫人，Madame du Barry（1743～1796），法國國王路易十五的情婦。

5／
英國哲學家邊沁（Jeremy Bentham，748～1832）於1785年提出的全景敞視監獄（Panpticon）設計，只需最少的管理者、最低的管理成本即可監控所有犯人的高效率監獄建築。原理是將每個人都監禁在個別的小房間，囚室一面向外採光，另一面則面向中間監視用的高塔，高塔中央的監控者可以任意觀看犯人，犯人則因只知有人監視、卻無法看見監控者的處境下，感受到隨時隨地都被監控的狀態。

在這個理想都市中，學校、神殿、劇場、銀行、調停法院、美德館、救護所、教育館、體育館、賭場、凱旋門以及各種住宅等，作為一個都市構成之必要要素的建築樣式幾乎都一應俱全。然而這個乍看好像已經整備的設計案，因為尚未有整體的正確配置圖，因此這些建物實際上在都市中是如何被設置則仍不清楚。教會、公共浴場等設施包含在鳥瞰圖中，因此可以透過鳥瞰圖可以確認它正確的位置，但其他不能確認場所的建物還非常多。文字中也偶然會出現十分抽象的描述：「如沙漠般廣闊、如森林般幽深處」有著金字塔狀樵夫小屋，但也不知其確切位置。

原本，勒杜的烏托邦自身就具有其不可思議的地位。所謂的「烏托邦」，大體上都是與外界交通斷裂的封閉空間，但由於此處並非是完全架空的虛構場所，且又因作為工廠，與作為消費地——都市之間的交通便是該地的前提，因此必須與實際存在的建物基礎相連接，同時也沒有獨立的經濟基盤，可謂是寄生的烏托邦。

6／

即現在法國杜省的阿爾克賽南（Arc-et-Senans）。

讓我們以空想旅行記的方式，像勒杜所寫的那樣，以一位旅人的記述為起點，從幾個建物開始漫步整個理想都市。城外的正方形市場被分割為九個矩形，只有中央比基部稍高、是帶有強烈獨立性的造型。另一方面，令人印象深刻的還有在鑄造大砲的工廠煙嵐升起的金字塔。狩獵館也在角落建立了四個塔；而位於花開谷裡的，就是名為「Oikema」的妓院建築——也被叫做感情之館或快樂之家，這個設施要說誘發了潛藏在年輕人慾望之中的頹廢與惡德，不如說是召喚了美德的情感。其採用希臘神殿風的立面樣式（façade），雖然立面本身無法清楚看見，但其以男性與女性性器組合構成的平面型態，也算是使用了形態相當明確的象徵。

關於勒杜的再評價，建築史學家高夫曼在《從勒杜到柯比意》[7]中提到：勒杜已經預見了近代建築的自律幾何學型態，但思想家班雅明（Walter Benjamin）則早在一九三〇年代，就因為對烏托邦的關注而將勒杜與傅立葉（Charles Fourier）相對應比較，並針對「Oikema」所表現的象徵意義也進而深入思考。

7／ Emil Kaufmann, ***Von Ledoux bis Le Courbusier***, 1933. 作者援引之日文版為白井秀和譯，中央公論美術出版。

位於盧河（River Looe）源頭處的監督館是挖通的圓筒形，盧河則貫穿建築物川流其間；到達酒樽工廠處則以更複雜的施作使兩個挖空的圓筒相交叉。農地管理人的住屋是完全的球體，球體被放置在挖深的土地裡，朝四向都有接續的橋。Chaux的墓園中心有一個巨型的球體大廳，地下則以三層步廊連接起來。球體天井頂部的採光，使人想起地基下沉中的圓形神殿——萬神殿（Pantheon），人無法進入的空無也使人聯想到死亡。勒杜於一八〇六年過世，能夠見到這個建築完成也算是了無遺憾了。大約在勒杜死後兩年，後世也開始出版相關著作。

法國大革命時期的幻視建築家

若提到大革命時期的幻視建築家，就不能不同時將布勒、勒杜、洛奎[8]這三人一起並列來討論，這樣的看法不僅與新古典主義的建築歷史家高夫曼的著作《三位革命建築家：布勒、勒杜與奎洛》[9]有很大相關，同時在一九六四年舉辦的「十八世紀末的幻視建築

8／

法國新古典主義建築師布勒（Étienne-Louis Boullée，1728～1799），被譽為十八世紀最偉大的建築師。他的建築設計很少被實現出來，但其理論卻被廣泛流傳；喜歡以簡單的幾何外觀來創造宏偉的感覺。洛奎（Jean-Jacques Lequeu，1957～1826），亦為法國幻想風格建築師代表，建築設計顯露鮮明的幾何特徵。

家」展覽、以及一九六八年在美國巡迴的「幻視的建築家們：布勒、勒杜、洛奎」展，也都促成了三人並稱的原因。

儘管這三人總是被相提並論，但事實上三個人的作風各有不同。例如，雖然三人都曾經以球型建築為概念這點來做比較，但布勒是將其作為形態純粹化之結果、在三人中可以稱為先驅者；而勒杜則是將之作為多樣化形態操作的一環來處理；然而同樣球體的概念，對世代較年輕的洛奎已經不足為奇，反而是作為嘲弄（parody）的對象。（在洛奎的年代，報紙上曾記載球體因為與四周都是等距離，因此正好可以拿來說明平等的概念）。

三人之中最年長的布勒於一七二八年出生。本人雖然以畫家為志向，但因身為王室建造物鑑定專門審查官的父親的強烈希望而成為建築家，之後終身作為教育者、以學術為活躍之舞台。當然，他在一七八〇年代所設計的幾個宅邸都建造出來了，但大規模的計畫案則完全沒有實現；因為整體的構想過於巨大，實現的可

9／

Emil Kaufmann, ***Three Revolutionary Architects: Boullée, Ledoux, Lequeu***, 1952.
作者援引之日文版為白井秀和譯，中央公論美術出版，一九五二年。

能性就相對低。例如一七八五年的皇家圖書館再建計畫的閱覽室，架設了有天窗的巨大半圓形的拱頂，以連續的愛奧尼亞式（Ionia）圓柱列以及後退的四層書架，使這個圖書館象徵了「知」空間的無限大。另外還有巨大的死者紀念堂，外觀是圓錐狀，內部則有半球狀的虛空間，與埃德蒙・伯克（Edmund Burke）所提倡的「崇高性」概念相結合。十八世紀為了對抗裝飾過度的巴洛克風格，新古典主義運動應運而生，因此對建築起源開始懷抱關心，也產生出對單純形態以及崇高性概念的追求，並萌生了各種各樣具有實現性的提案。這即是高夫曼所稱的《理性時代的建築》[10]。

雖然沒有實現的意圖，但布勒另一個知名的作品是一七八四年的牛頓紀念堂。建築是位於基底上、直徑達一百三十五公尺的巨大球體，從圖中四周圍繞的杉木相對比例就能知道其巨大的程度。就如同布勒在《建築》裡所主張的球體之莊嚴與美，牛頓紀念堂的偉大之處，就在於球體與宇宙自身象徵的重合。球體內部是一

10/

Architecture in the Age of Reason: Baroque and Post-Baroque in England, Italy, and France, 1955. 原文引用日文版為白井秀和譯，中央公論美術出版，1955 年。

個中空空間，只在中央擺放了一副小石棺；有趣的是，牛頓紀念堂的手稿中，畫有白天以及夜晚不同時段的景象——白天的時候，以星座排列的開口部採光、使內部呈現如天象儀一般的景象；夜晚則會改由內部懸掛的發光體將光源照射至外部，形成反轉的影像。牛頓紀念堂不只是強調光與影的效果，同時也導入時間差的戲劇性。布勒認為，「將規則正確的單純與規則性反覆，就能吸引人心」，因而將所有的裝飾全部除去，僅保留為展示建築尺度而需要的最低限裝飾。由此也可看見，布勒的作品是具備崇高性的靜之建築。

另外，科幻電影《地動天驚》（*Sphere*，一九九八年）與漫畫《GANTZ》（奧浩哉，集英社，二〇〇〇—）裡，也都同樣有著謎樣且作為至高無上存在的完全球體。

能與寡默、理性的布勒進行對照的，就是饒舌且充滿想像力的洛奎。他出生於一七五七年的魯昂（Rouen），在蘇弗羅（Jacques

Germain Soufflot，1713～1780）的事務所中工作，並於稍後獨立。就在他作為建築家正要開始活躍之時，發生了法國大革命。也因為革命的混亂，導致洛奎想成為建築家的夢想破滅，之後便主要以繪製地圖謀生。大概也就是在這個時期，讓他得以完成許多幻想建築的素描，這些素描也因為一八二五年他贈予皇家圖書館的《市民建築》這本書，才得以流傳後世。同時，他也從事包括戲曲、春宮畫，也撰寫製圖法的論文等，產出相當多元；但因為都是較為零碎、片段式的思考，不容易窺見他以一貫之的全貌。

《市民建築》這本書也是如此，就如同勒杜的烏托邦一樣，內容與順序上混雜各種建築樣式，就好像是一本收錄了當時所有流行樣式的百科事典一樣。也可以說是完全的惡搞都市。洛奎以將圖面的餘白處寫滿個人的筆記、以讓建築成為極富敘事性的表現為特徵；例如，在被標記著「哥德式住宅的地下」標題之處，畫著螺旋樓梯下來後、進入右方，接受火、水、空氣試煉的共濟會入會儀式場所；其他還有像是被月光投映著的「古老神殿」，以及用豬石這種奇妙材料所作的「皇太子的狩獵場，快樂園的門」——這是以雄鹿為中心，配合上獵犬、豬頭等動物雕像圍繞的複合建築。也有巨大的牛造型、名為「新鮮牧草地上的牛小屋」的圖，「眺望台的某個相會所」則因為集合了希臘神殿、中世城牆、哥德式尖頭、帕拉迪奧風格（Palladio）的開口部等而造就了獨特的平衡感，就像是美麗夢境的拼貼。因此可以說，洛奎與柯比意同屬於近代，但他卻沒有走向柯比意的幾何學形態，反而是成為超現實主義派（Surréalisme）的先驅。

5-3 產業帶來的夢之社會

產業都市與社會主義烏托邦

比起受到藝術影響，傳留後世的都市提案大多是受到社會影響的都市提案。例如，產業革命之後，因技術演進而產生的近代都市轉變，敏感地察覺到其中袒露出來的各種矛盾、並摸索著解決方案的人們就屬於這一類：包括活躍在十九世紀的羅伯特・歐文、聖西蒙[11]、傅立葉等人；後來馬克思、恩格斯等將之被批評「三大幻想家」、「基於空想社會主義的共產主義」等，然而這些批評隨後卻也成為《共產黨宣言》（一八四八年）的泉源之一。

一八二九年，傅立葉於《產業協同社會的新世界》中發表了烏托邦合作公社。他首次將人類史劃分為八階段，並於第八階段

11／

歐文（Robert Owen，1771～1858），英國社會烏托邦主義者，以空想社會主義為著稱，曾進行「勞動公社」的勞動主義實驗，不到兩年宣告失敗。聖西蒙（Henri de Saint-Simon，1760～1825），法國早期共產主義哲學家，空想共產主義學者；雖出身貴族，但曾參加法國大革命，抨擊資本主義，致力於建立人人勞動、沒有剝削的社會。

的調和主義時代中思考這個合作公社的實現可能——男女比約二十一：二十，是包含孩童與老人、總計一千六百二十人居住的公社建築。他們從教育到每天日常生活習慣按照詳細規定生活，比起家庭，以孩童或老人為更優先；將所有的事項都加以數字化、以交換為主要模式的傅立葉，嘗試設計出能一次滿足十二種類型住民需求的烏托邦，也因此設定了以「情念交易所」來命名的設施（會議室）。擁有多種功能的四層樓公社被稱為「宮殿」，在外觀構成上與巴黎凡爾賽宮稍微有點相似，但內部是配置綠色中庭、挑高的兩層樓空間由畫廊環繞著。因此，班雅明將之形容為「從拱廊而來的都市」。後來傅立葉的思想被廣為流傳，其中值得一提的是，美國在一八五九年開始著手進行果丹（Godin）的家庭式共產自治村（Familistère），也算是小規模地實現了其理想。

一八四九年時白金漢曾在《國家之惡與其實際的矯正法》[12]中提出將失業者列入考慮的烏托邦——維多利亞（Victoria）的構想。

12/

James Silk Buckingham (1786-1855), ***National Evils and Practical Remedies. With the Plan of a Model Town.*** Jackson, Fisher, Son, London, 1849.

在整體造型上，就跟被揶揄成棋盤的歐文所提案的一樣，都是四角形，但是在構想上是在單邊一英里長的正方形中、可供一萬人居住的設定。圍繞四周連續的構造物以大小相套的型狀相重合。中央設置了廣場、公共設施，然後是上層階級的住宅，周圍則是店舖和勞動者住宅區；另外也有配置有博物館、圖書館、美術館等這些為了民眾教育為目的而設置的公共機構。由於十九世紀都市衛生問題特別受到關注，因此將工廠從都市中區隔開來、並設置有完整的下水道設備是白金漢對自己的計畫特別得意之處。清新的空氣、太陽，完美的幾何學；白金漢的維多利亞城是現實生活中稍微骯髒、混亂都市的負片。

這個都市乍看之下並沒有權力或政治裝置。的確，這並非是社會主義者的夢想；但連續性的拱廊從中心呈放射狀地貫通都市、放眼望去盡收眼底，也讓這個都市同時成為管理性空間。另外，中央廣場上三百呎高的塔照耀著都市，確實地建立了有如全景敞視監獄般的視線場域。在這層意義上，維多利亞可以說是一個透明的都市。

一八九八年英國的都市設計師霍華德[13]出版了《明日—真改革的和平之道》——這本書在四年後修訂成《明日的花園都市》再度出版，而差不多也在這個時期，現代主義建築家東尼．甘尼爾[14]也開始發想《工業都市》的最初概念。「Garden City」在日本被翻譯成「田園都市」後，瞬間成為各國之間廣為流傳的新術語，但後來的詮釋卻未必與當時提出的意思相符合。其構想是：田園與都市，是工業化時代不得不解決的矛盾問題，來自過去的田園與現在的都市，儘管在概念上互相悖反，但將兩方的要素結合起來的綜合體卻可能成為明日的烏托邦；相較於十九世紀的中世紀主義者普金（A. W. N. Pugin）在現下與過去之對比中選擇了哥德式風格，或許「田園都市」是更適合揭開二十世紀開端的布簾。

霍華德認為都市與農村的結合不僅僅有益健康，同時也是經濟層面的有利，因為其特徵是能夠相當程度地落實計畫性經營收支，

13／
霍華德（Ebenezer Howard，1985～1928），英國都市計畫學家，「田園城市」的運動創始人。最知名的著作是《明日的田園城市》（Garden Cities of Tomorrow），被認為開創了現代意義上的都市計畫。

14／
甘尼爾（Tony Ganier，1869～1948），出生於法國里昂的都市計畫建築家。提出的「工業都市」概念是一個社會主義都市，沒有圍牆或私人財產，所有未建造的土地都是公共綠地。

是一個以經濟為規範而成的都市，並且對行政也表現出強烈關注。不過就像傅立葉一樣，霍華德並沒有規定家族形態、教育內容等相關範圍，要說的話，他是在針對白金漢的社會主義式烏托邦進行批判性考察。在霍華德的設定中，田園都市是可居住三萬二千人、由環狀鐵路圍繞著的一千英畝都市部分，加上外側呈扇形的五千英畝農地所組成。圓形都市有五條環狀道路，從中央公園延伸出六條放射狀的林蔭大道，將都市畫分為六個區域。大致可分為中心是公共設施、周邊是工廠，其間則是住宅地；相當有意思的是，被稱為水晶宮的玻璃拱廊圍繞著公園。一九〇三年，第一個田園都市在萊奇沃思[15]誕生。

東尼・甘尼爾的工業都市

翻翻日曆，揭開廿世紀序幕的日子即將到來。

出身法國里昂的建築師東尼・甘尼爾提出「工業都市」（見圖錄

15／

萊奇沃思（Letchworth）位於英國赫德福特，距離倫敦約56公里。

P.307）這個提案，便是在這段對未來充滿期待的時間裡。一九〇一年，他從留學所在的羅馬將工業都市設計圖寄往巴黎，圖面上印著「1899-1900-1901」的數字。也就是說，就在這個跨世紀的三年間，孕育了近代烏托邦的胚胎。

甘尼爾生於一八六九年，職業學校畢業之後，於一八八六年就讀里昂的葉果布雜藝術學院。從一八八九年開始於巴黎的葉果布雜藝術學院；並在經過幾次的挑戰後，一八九九年終於獲得羅馬獎，當時他才三十歲。他待在梅迪奇山莊時[16]，對古代建築的實測和復原這類公費生的義務工作並沒有興趣，反而對於一九〇一至一九〇四年間，以補助報告提出的工業都市提案傾注極大心力。在這個時間點，工業都市只完成了全區配置圖和立面圖，但在其基本骨架下，持續慢慢增添各個建築物的圖面，並於一九一七年舉辦展覽，一九一八年出版刊物。

全案的正式名稱是《一個工業都市：都市建設的研究》[17]。全書

16/ 當時他因為一座國家銀行的設計而獲得羅馬獎，也因為這個獎項而使他能夠在羅馬的梅迪奇山莊（Villa Medici）居住四年，直到 1904 年為止。

17/ 原名為 ***Une Cité Industrielle***。

由前序以及一百六十四張圖版構成，一邊提出「勞動是人類根本的義務」，一邊也突顯以工廠為中心的都市觀。然而這種觀點與學術派的布雜風格不甚相容；相較之下，甘尼爾的提案中有著較偏向十九世紀社會主義式烏托邦的理念與經營方式，另一方面儘管受其影響，他仍然以新的材料為其賦予了近代的型態，也就是以「鋼筋水泥的諾亞方舟」（吉田鋼市）為目標。新時代的息氣，很諷刺的，是透過最傳統的教育機關——布雜藝術學院的出身者，以內部開始發生的解體形式展現出來。

甘尼爾雖然似乎是家中最小的男孩，但卻擁有極為壯大的構想。在「工業都市」的鳥瞰圖當中，視線貫穿了地平線的彼端；雖然只是想像的烏托邦，但全區圖清楚標記了等高線以及其他相當具體的地形樣貌，這是因為他原本就是以實際存在的里昂近郊都市為模型。甘尼爾的烏托邦是以法國東南部中等程度大小的都市為基礎設定，並且以北側為山、南側為河流的安排，配置了周遭的自然景觀。這個工業都市是提供三萬五千人居住的城市，利用北方的湖泊建設水壩、進行水力發電，並且從集合住宅到個別住宅等，多種類的建築式樣一應俱全。然而，此處沒有教會、警察，也沒有派出所、司法院，因為沒有罪惡的存在，宗教也顯得沒有必要；另外，因為是樂觀的烏托邦，因此娛樂設施也不存在。更有趣的是都市的外側被設定為古城與舊市街區域這點，一般而言，烏托邦通常都存在於時間靜止的世界，並位於廣漠的大地之中，但此處卻備有內藏記憶的裝置，是一個懷抱著過去的烏托邦。

甘尼爾的圖集是以透視法描繪的連續草圖構成，讓人聯想起透過鏡頭看見的影像，就如同搭乘直升機在都市的周圍盤旋一般，移動的視線入侵建築物內部。畫面上可以看見家具、雕像、小東西、花草樹木、桌上的杯盤等，不只是平面或立面，而是將所有的細部及設計都具體描繪、展示出來。

但，不論多麼細緻地描繪了舞台的具體背景，相對來說人物的存在感卻很稀薄。儘管圖中確實存在人物像，但與同樣以工廠為主題的勒杜所提出都市圖像相比較的話，甘尼爾的人物就如同被凍結的靜止人體模型。這種刻意缺乏生氣的風景描繪，與未來廢墟化的狀況也有所重合呼應。這便是機械時代的龐貝古城。

因為導入分區制，所以甘尼爾的工業都市被認為是近代都市計畫的先驅——儘管這也是一九六〇年代以後不斷被批判的近代都市計畫特徵。他設定了市街地（中央是公共設施，兩側是住宅區）、工廠區、衛生保護地區，分離各區機能。因此，各地區的形態並非是圓形的集中型，而是細長的矩形，近似於線狀都市。另外，各地區以路面電車串接，中間的綠帶相當寬敞。

到羅馬留學之後，甘尼爾回到故鄉里昂工作。一九〇八年的里昂絹織物工業地區計畫案，將鋸齒狀屋頂的工廠與鋼筋混凝土住宅群並列，這個作品因作為十年後「工業都市」的風格雛型而受到重視。不過之後於一九二〇年出版《里昂市大建設事業》則沒有新的發展；儘管其中設計的屠宰場與競技場後來都在里昂相繼實現，但都是毫無創意的建築。

5-4 機械時代的未來都市

柯比意的現代都市

「你會擔心二〇〇〇年的到來嗎？」

這是現代主義巨匠柯比意於一九二二年的法國秋季沙龍展中展出可供三百萬人居住的都市計畫時，每個人都在問的問題。但這個計畫並非未來都市，而是現代都市。不論是今天或明天所建造的建物都被命名為「現代都市」，正是因為他認真地希望這些建物立刻付諸實行。當然除了截取他的部分理念、並以將之矮小化，複製形態的案例之外——他所描繪出的「現代都市」之完整形態並沒有在世界上的哪一個都市實現過。

這個三百萬人的都市並沒有選定特定基地，不過它的基本構造在一九二五年以巴黎為中心舞台的瓦贊計畫（Plan Voisi，見圖錄P.308）中被徹底發展。例如，西提島北部十分規則、且呈十字平面林立的高樓大廈。一九二一年於《新精神》雜誌上發表的六十層建築兩百五十公尺高的大樓，以三百公尺的間隔並列，這是他從塔狀都市時期就相當偏好的形態；瓦贊計畫中為了與戶外的空氣和陽光增加接觸的面積，特別強調表面皺摺狀的凹陷處。不論哪一個計畫案，都在大廈建物間配置著高速交通用的汽車用格狀道路，利用透視法特地畫出了飛機（現代都市的中心是機場，地下則是車站）。高層大廈的周圍地面上，除了道路外還有綠地，都市便以巨大公園的意象呈現。這種洋溢著綠意的超高層都市意象，也被後來的森大廈再開發視角所繼承。

另一方面，美國建築師萊特所提出的無垠城市（Broadacre City，一九三六）並未採用以車社會為前提、垂直地擴張都市這種作法，而是選擇在田園中以水平方式擴散建築群，讓都市溶解於其中。柯比意的都市計畫是以鐵與玻璃構成的現代大廈為基本預設，並以紀念建築物作為視覺中心，整體以優美的幾何學模式構成，骨架則意外地採用古典樣式，因此也可以說是屬於凡爾賽幾何式庭園、或十九世紀巴黎都市改造的歐斯曼男爵（Georges-Eugène Haussmann）之系譜。正因為如此，在瓦贊計畫中也將這種改造稱為外科手術，是為了市中心的再生而破壞老舊街區、將之返回白紙狀態，並重新將具有新秩序的商業地區移植進去。他認為人類正是因為擁有其目的所以才會往前直線邁進，所以建議近代都市應該捨棄中世紀那種彎曲的驢子道路，建設新的直線街道。

以機械時代理想都市為夢想的甘尼爾與柯比意之間並非完全毫無關係；早在一九一八年《工業都市》出版前，柯比意就曾造訪甘尼爾的住處，也寫過對他讚不絕口的信，柯比意或許很早就知道甘尼爾的烏托邦計畫。一九二一年出版的《新精神》與《邁向建築》中也介紹了「工業都市」，然而柯比意自己所設計的都市計畫則與《工業都市》截然不同；他的城市以壓倒性的大樓高度與都市密度朝著型態的抽象化前進（他曾經表示紐約的摩天樓高度太低）。這除了是回應新時代實用主義的要求，或許也是受到甘尼爾對新秩序創造和綠地確保的雄偉企圖所感動。但相對於不太擅長宣傳的甘尼爾，柯比意一邊對理想都市稍作修改，一邊出版著作、也前往地球另一頭的南美洲進行演講作為宣傳。在以他為中心的CIAM雅典憲章中也可以發現這種傾向。

從一九三〇年至一九四二年為止，柯比意規畫了七個與阿爾及利亞都市計畫相關的提案。這些提案不同於他過往直線都市的風格，提出了如同蛇一般的蜿蜒都市。其中，暴力性地置入都市這點與過去作風相似，但上部為高速公路，下部為事務所與居住地，這種對直線都市的修正發展，在聖保羅與里約熱內盧等計畫案就已經開始了。

阿爾及爾的歐布斯計畫（Plan Obus）計畫是由三個部分構成：

與巨大的直線構造體相連結的是海濱商業區以及山丘上的歐洲居住區，透過高速公路與兩個郊外地帶相連結。以鋼筋混凝土支撐的一百公尺高的高速公路切斷了卡斯巴（Kasbah，舊市街）的上空，沿著海岸蜿蜒曲折的下方，則有可容納十八萬人的居住設施。然而阿爾及利亞計畫——包含之後的計畫，都被完全否決了。諷刺的是，實現柯比意烏托邦計畫的，是在印度的昌第加（Chandigarh）；為了提高汽車行車速度，因此詳細地規畫了汽車的交通計畫，但在這個都市的現實生活中，至今仍有被稱之為三輪車的人力車在路上通行。

建築電訊的行走城市（Walking City）

建築電訊是由華倫・裘克（Warren Chalk）、彼得・庫克（Peter Cook）、朗・赫倫（Ron Herron）、丹尼斯・克藍普頓（Dennis Crompton）、大衛・葛林（David Greene）、麥克・威柏（Mike Webb）等六人所組成的建築團體。一九六一年五月地下雜誌《建築電訊》創刊，他們也透過參與競圖以及展覽會來宣明他們創新的思想與看法。「建築電訊」這個名字是根據電報（telegram）為基礎而命名，意指比普通的雜誌更為緊急並且單純。同時，Archi（發端）加上gram（書寫），也連接了建築學的術語。他們開始活躍時不過是廿五歲至卅五歲的年輕人，因此儘管身在保守傾向很強的英國，也還是使用相當明亮普普風的色彩，以及大膽地採取科幻、喜劇的表現，不斷地擴張建築的概念。它們的建築便是反文化的烏托邦，因此有時也被稱為建築界的披頭四。

朗·赫倫的「行走城市」（一九六四，見圖錄P.309），望文生義就能明白是「行走的都市」，這是原本就帶有強烈視覺性的建築電訊作品。從幾張還存在的繪圖中可以看見成群橫渡廣大沙漠的都市體、由巨大的管線橫跨海洋連接著的都市體，橫越曼哈頓島上高聳垂直的摩天大樓前、並在海中漫步的都市體。也就是說，都市在世界中四處移動。會動的建築概念自身在GEAM提案（一九六〇）中早已出現過，但建築電訊明快的設計還是使這個概念更為顯眼；行走城市看起來像是有機且巨大的蟲，使人聯想到宮崎駿《風之谷》中出現的生物歐姆。歐姆也會成群地移動，但卻是破壞都市的生物。在歐姆死亡之後，其死骸被人類所佔據，呈現出一種都市的樣貌。機動性的居住機械則與電影《霍爾的移動城堡》（二〇〇四）相似。行走城市裡都是如同高科技怪物的巨型結構，是少見地在高科技與幻想之間生成的美麗融合。

一九六四年，建築電訊發表了具有複雜網絡的電腦城市（computer city）及插接城市（plug-in city）：後者將各種機能單位化，使城市如同電器製品的插座一般成為外接插入型的都市。這個構想已於一九六三年的蒙特利爾塔（Montreal Tower）計畫中出現過；而這個計畫本身原本就是為了即將在一九六七年舉辦蒙特利爾萬國博覽會而建造的——中央的鋼筋混凝土塔以能夠取換零件為可能要素而製作。倘若使其增殖的話，外接都市便有發展的可能，比如，將汽車與住家結合起來的內含車庫住家（一九六六）。科幻電影《關鍵報告》（二〇〇二）便預見了未來都市：其他還有以巨大的桅杆為中心並伸縮自如的 Blow-out Village（一九六六），以及如同馬戲團一般簡單地設置的連成城市（Instant City，一九六八）也曾被提出來討論過，然而七〇年代前半結束後，建築電訊的活動就完全消失了。之後，彼得・庫克在格拉茨實現了被稱為「友善的外星人」（Friendly Alien）的科幻造型美術館奎德林堡（Kunsthaus，二〇〇三），這與上海萬博時如海參一般的日本館在外觀上很相近。

在建築電訊發表極具衝擊性的都市提案之後，已經過了四十年以上了。世界上各地開始舉辦巡迴展覽，二〇〇五年日本的水戶藝術館也開辦了相關展覽，建築電訊已經被看成是「未來」歷史的一頁。

クリストファー・プリースト 安田均訳
Inverted World Christopher Priest
逆転世界
創元SF文庫

VINGTIÈME SIÈCLE
20世紀
A. ROBIDA
K. ASAHINA

〈ノウンスペース・シリーズ〉
リングワールド
ラリイ・ニーヴン
ヒューゴー／ネビュラ賞受賞
RINGWORLD

MANHATTAN TRANSFER
マンハッタン強奪 上
ジョン・E・スティス

6

磯達雄

從烏托邦到科學

6-1 不可能存在的場所

我們所想像的未來都市，其源流是從何而來？

描繪理想社會的著作有柏拉圖的《對話錄》或陶淵明的《桃花源記》等，但若說影響後世對未來都市看法的著作，首推湯馬斯・摩爾（Thomas More）的《烏托邦》（一五一六）。現在作為意味著「理想鄉」而被廣泛使用的「烏托邦」一詞，原本是摩爾所創的用語，是根據「不可能存在的場所（Outopia）」以及「好場所（Eutopia）」這雙重意義下的造詞。摩爾以旅行遊記形式所描繪的的烏托邦，是一座牛角造型的虛構小島。其上的住民一天工作六小時，三餐都在公共食堂進食。平常的工作之餘，每人每隔兩年都有義務前往農場進行勞動。

全部的住民穿著同樣的服裝，沒有流通貨幣。農作物與工業製品都能免費領取；這些描述中，鮮明地呈現出理想鄉的形象。但在這個社會中，污穢的工作都交給奴隸，也使用傭兵與他國進行征戰；因此，從現代的讀者看來，這實在不能稱之為理想國。這是因為在摩爾的時代尚欠缺文明進步與實現文明進步所需要的科學技術概念，也因此，這個「烏托邦」絕非未來都市。

然而在這之後，也出現了仿效摩爾的「烏托邦」、描寫在航海旅程中偶然進入理想鄉的虛構旅行遊記。

康帕尼拉的《太陽之都》[1]，所描寫的是位於赤道的托普羅巴納島（Taprobane）上的城壁都市。內側可區分為以神殿為中心呈同心圓狀的七個區域，東南西北都各設置城門；其幾何學的形態是與文藝復興的理想都市之間的共通點。

法蘭西斯．培根的《新亞特蘭提斯》[2]中則描述了從秘魯到日本

1／
Tommaso Campanella, *The City of the Sun*, 1602.

2／
Francis Bacon, *The New Atlantis*, 1627.

的途中，因遭受危難而中途停靠本塞勒姆島的故事。這個都市的特徵是，有一個同時具有高層建築與地下建築的「賽洛蒙之家」一這樣的學院存在著。這裡有水利與風力發電，也進行著包括氣象控制、醫學與生物科技的研究，以及各式各樣工業發明，顯示出科學技術的發明在這個虛構的國度裡很早就受到了關注。

6-2 科學幻想小說的時代

相對於前面提及的烏托邦小說，一直到十九世紀後半，我們想像的未來小說才終於登場。這是經過工業革命的時代，科學技術的發展日新月異，攝影、電燈、電話、汽車、熱氣球等，各種發明競相出場。在這樣的時代，儒勒·凡爾納（Jules Verne）、赫伯特·喬治·威爾斯（Herbert George Wells）等作家抬頭，被稱之為科學幻想小說（scientific romance）[3]的小說在此時相當受到歡迎。

特別是直接以未來都市作為小說主題的法國作家羅比達，他以文章與插畫構成的《20世紀》[4]描繪出他所預測將到來的一九五〇年代巴黎容貌。

3／科學幻想小說即為後來的科幻小說之前身，為結合虛構創作與科學書寫元素的文類。

4／原書名 *Le Vingtième Siècle*，1883.

首先，交通方面，在市內的移動方法主要使用空中計程車與空中腳踏車，要前往其他都市時，則利用時速高達一千六百公里的筒狀快速列車在高架道路上行走。列車由圓筒所連接合成，因此乘客須選擇符合自己目的地的圓筒，到了該圓筒指定的車站後，圓筒就會從列車中直接切離出去。

建築物裡配置了電梯、電氣照明、暖氣、水電工人等；由於空中交通發達，高層集合住宅的入口都設計在上方；不僅建設了能夠全面覆蓋巴黎全區的人工地基，還有熱氣球懸掛空中，也有其他在空中飄移的休閒設施。

通信方面也很便利，被稱為「電話望遠鏡」（Telephone-scope）的裝置不只有視訊電話的功能，也作為家中觀看劇場表演的影像受像器。如果覺得演出很棒，還能透過這個器具向演員傳送拍手喝采。最有趣的部分是電線的說明：「在任何高度、任何方向延伸出去的無數電話線，不管是在各住家前或是屋頂上，都被陽光照得亮晃晃的，建築物與空中充滿網羅密布的細線」，語調中滿溢著讚美之情。對比於現代社會，電線常被認為是環境美化的罪魁禍首，在當時卻是代表都市先進性的象徵。

美國的雨果．根斯巴克（Hugo Gernsback）在此時登場。被稱之為「科幻類型之父」的他，是創設了世界上第一本科幻雜誌的人，至今他的名字仍然以年度票選最優秀奇幻作品的獎項「雨果獎」留存於後世。

雨果在一本一般性科學雜誌《現代電氣》（*Modern Electric*）中執筆撰寫了〈Ralf 124C41 +〉（雜誌連載，一九一一年）這篇小說，描述了廿七世紀的未來都市：68基的氣象塔建造整合了紐約市也同時控制天氣；氣溫常年保持在廿二度，白天永恆是晴天，下雨的時間僅限於半夜兩點到三點之間。

市內主要的交通工具是飛行計程車；如果近距離移動則使用像溜

冰鞋一樣的「遙控飛車」來通行。主角拉爾夫住在兩百公尺高的超高層大樓頂樓，這棟大樓是圓筒型，以透明玻璃及磚作為材料。

在日本，也有在太平洋戰爭期間十分活躍的科幻作家海野十三。他在大學時專攻電氣工學，除偵探小說之外，也撰寫了許多有著幻想出來的的交通工具與兵器的軍事小說以及科學冒險小說。終戰之後出版的《海底都市》（一九四七）中，描述了乘坐時光機、飛向世界的少年，造訪位於東京灣深一百公尺的「SUMIRE區」的故事。在這個可供一百萬個人生活的海底都市裡，到處都遍布、環繞著移動步道網絡。

如今再讀這樣的科學幻想小說，仍讓人感受到這些想像世界的完成度相當高。我們所想像的未來都市情景與技術，如那些林立的超高層大廈、地下與海底都市、快速列車、空氣動力車、移動步道等交通科技，其基本形式在近一百年前的小說中，就已經被清楚地被描繪出來了。更有趣的是，在進入廿一世紀後的現在，這些想像的形式仍舊沒有改變、依然持續地被使用著。

值得一提的是，這些科學幻想小說也為許多建築家們帶來相當大的影響，尤其是義大利的安東尼奧．聖埃里亞（Antonio Sant'Elia，被認為是「未來派」的建築家）與美國的巴克敏斯特．富勒，在他們的圖稿中，都能看見科學幻想小說所帶來的影響，而熱心閱讀羅比達與雨果．根斯巴克之科幻創作的結果，則孕育了他們對未來的建築想像。

6-3 敵托邦的系譜

烏托邦小說的潮流在廿世紀後進入另一個階段；壓抑人類的可怕敵托邦，也就是描寫反烏托邦的小說在廿世紀後逐漸抬頭。

此處應當留意的是，烏托邦與敵托邦小說之間的區別其實是非常困難的。正是因為是打造理想鄉的烏托邦，才容易變相成為壓抑人類的敵托邦。以下我們就列舉一些作品來加以說明。

一九二六年德國拍攝了電影《大都會》（*Metropolis*），算是首次出現人型機器人的最早期科幻電影。構成舞台背景的是如同裝飾藝術般、林立著的高聳入天的摩天大樓，是極為壯觀的未來都市場景，然而居住於地下世界的下層階級卻過著殘酷的奴隸勞動生活。喬治・歐威爾的小說《一九八四》（一九四九）中則描述了第三次世界大戰後，由各超級大國分治的未來世界物語。主角所在的大洋洲國中，經常以電子螢光屏幕裝置監視著市民，也限制個人不准書寫日記。主角卻私底下十分熱中這些禁止行為，之後遭到密告，被思想警察逮捕並受到了拷問。不過透過服從，主角卻從而得到自由的感覺。而沒有意識受到支配的人們就這樣毫無反抗地被支配著，這也是使支配成為可能的權力系統。作者以冷徹的雙眼，書寫了這樣的故事。

赫胥黎所寫的《美麗新世界》[5]，則是描寫敵托邦的代表作。故事從「人工孵化．條件反射孕育所」的說明開始：這個單位專門將透過體外受精出生的胎兒放在瓶中培養成長，從瓶中出來後就開始進行條件反射教育。這個系統就如同是一個高度品質管理的工廠。這個世界中，把成功大量生產汽車的亨利．福特當成聖人，甚至連年號也並不使用西曆，而採用福特紀元。

大人們沉溺於自由性愛、被稱為「feely」的體感電影，以及名為

5／
Aldous Leonard Huxley, *Brave New World*, 1932.

「soma」的毒品之中，沒有絲毫不滿地生活著，故事中實現了無暴力且極度安定的社會。

故事中途，從母親肚子生下來的異端——被稱為「野蠻人」的主角完成了非常重要的任務。他雖然部分認同文明化生活所帶來的幸福，但同時也對其有所抵抗，認為「我也有追求不幸的權利。」並因此逃出了都市、前往鄉下生活。

小說描寫的主要背景舞台在倫敦中部，是以直升機穿越、往返各大樓作為交通方式的未來都市。書中主角這樣描述了從高飛的直升機往下鳥瞰的都市：

倫敦在眼皮下變小了。頂著方桌造型屋頂的巨型大廈急速地排列，就如同在綠色公園和庭園中櫛比鱗次地簇生出來、幾何學模樣的香菇園情景。

若說起巨大的高塔與綠地的組合，就會讓使人聯想到柯比意的都市計畫；而像瓦贊計畫中那種明快健康的都市圖像，可以說其實就是超管理社會「敵托邦」的翻版。

6-4 移動的城市

歷史的烏托邦小說多將場景設定在島嶼上，其理由不外乎島嶼符合能與既知的文明社會隔絕的條件。儒勒・凡爾納（Jules Verne）在這個通則上再加上類似於科學幻想小說的奇想，撰寫了《移動的人工島》[6]（一八九五）。就如同標題所示，這個故事是描寫在海上自由移動的都市。儘管於一八六四年英國的建築電訊就已經提出了「行走城市」這個都市自行移動的構想，但在虛構場域中，凡納爾的移動城市則是宛如先驅般地首度在小說裡登場。

從科學幻想小說進展到科幻小說，「移動城市」仍是不斷地重複的主題。

6／

Jules Verne, L'Île à hélice. (English: ***Propeller Island***, also published as ***The Floating Island***), 1958.

英國的科幻作家克里斯多夫·裴斯特的《逆轉世界》[7]中出現的「地球市」，使人想起如「行走城市」那般像要塞般的都市。長約四百五十公尺，高約六十公尺的七層樓巨大建築以木造而成，這個都市以一年約卅六·五哩的速度在軌道上持續移動；儘管居住其中的構成人員即便不管背負著多大的苦難，也一定要讓都市的移動持續進行，然而為何必須讓都市持續移動的原因卻沒有人知道。大部分的居住其中的居民都從未踏出這個都市，就這樣結束一生。

由菲利普·李維撰寫、以同樣概念為名的小說《移動都市》[8]這類的奇幻風格科幻小說也於此時出現。這個故事是以遙遠的未來為背景，因為戰爭文明滅絕而荒蕪的地球為舞台；而移動的都市是利用蒸氣為動力轉動履帶與車輪，使之持續移動。故事中的都市為了奪取物資與奴隸，也同時獵殺其他都市；為了能繼續生存下去，都市人們相互競爭的「都市淘汰主義」廣泛流傳。多層構造的都市中包含了所有的機能，而主角所居住的倫敦頂部，則是

7／
Christopher Priest, *Inverted World*, 1974.

8／
Philip Reeve, *Mortal Engines*，2001年出版，後來也出版續篇。

從聖保羅大教堂移築而來。

作為續篇的《掠奪都市的黃金》（*Predator's Gold*，二〇〇三）中則出現了名為「空中天堂」這個空中都市。這個浮在空中的移動都市，就如同之前強納森．斯威夫特所著的《格列佛遊記》[9]中的拉普他島，而這也同時是動畫電影《天空之城拉普他》[10]標題的由來。建築家方面則有巴克敏斯特．富勒發表了浮在空中的球形都市「雲端城市」的構想。

順帶一提，《移動城市》系列的作者菲利普．李維也是英國人，從強納森．斯威夫特、建築電訊，到現代科幻類型文本都持續偏愛移動城市的傳統，彷彿仍在這個國家接續存在。

未來都市已經不再是一個固定場所了，而是能夠自由移動的。未來都市從「不可能的場所＝烏托邦」作為開端，但卻在這個移動都市中再度成為「到處都可能的場所」。

9／

Jonathan Swift, *Gulliver's Travels*, 1735.

10／

此指宮崎駿所帶領吉卜力動畫工作室的電影作品，原文為《天空の城ラピュタ》，直譯即為「天空之城拉普他」。不過在中文流通的片名僅保留「天空之城」。

6-5 飛向宇宙的城市

在科幻文本中的都市，朝向遙遠的宇宙飛去。

布里西的《宇宙都市》系列[11]中發明了使用反重力裝置而使超高速推進成為可能的「Spindizzy 航法」[12]，以這種航行方式，巨蛋都市得以從下方的岩盤與地球表面剝離開來，獨自在恆星中來回穿梭。而約翰．史迪奇的《強奪曼哈頓》[13]也使用了同樣的概念──不過在這裡描述的則是外星人用巨蛋將紐約覆蓋住，並把整個紐約運走的故事。

巴靈頓．貝萊的《從五號都市逃脫》[14]中，所謂五號都市這個巨蛋都市，因為宇宙持續縮小的危機、而促使城市轉化為太空船逃出。能源、食糧資源等在太空船都市中全部都能自給自足、相較

11/ James Blish, *Cities in Flight*, 1955 ～ 1962.

12/ Spindizzy 是在宇宙都市系列中自創的詞彙，是一種想像出來的反重力裝置。

於巨蛋的外面甚麼都沒有，都市幾乎就等於全宇宙。

另一方面，除了讓都市完全變成太空船以外，太空船成為都市的科幻文本也相繼出現。若要以太空船到達遙遠彼方的恆星系，即使以光速前進也可能需要數十年、數百年的時間，因此必須考慮能夠容納龐大人口、讓乘客們在其中能結婚生子，延續後代的巨大太空船。這樣的東西與其稱之為世代太空船，也可以說是將太空船本身都市化了。

海萊因的《宇宙的孤兒》[15]就是這種世代太空船系列的古典作品。太空船內部就如同都市一般的設定在漫畫《超時空要塞》（一九八二）、《勇往直前》[16]中也都相繼出現。

另外也有在宇宙中建造巨大的巨型結構、並將之稱為「都市」的例子。一九六九年物理學者傑瑞德・歐尼爾（Gerard Kitchen O'Neill）提出的太空殖民地（Space Colony）這概念，被漫畫《機

13/ John E. Stith, *Manhattan Transfer*, 1993.

14/ Barrington J. Bayley, *Exit From City 5*, 1971.

動戰士鋼彈》為首，以及後來相當多的科幻文本所採用。歐尼爾所提出的太空殖民地是一個直徑六公里、長卅公里的圓筒形，內部預定可供一千萬人居住。另外，亞瑟·克拉克的《拉瑪任務》[17]中，也描述了人類於宇宙中與謎般巨大的構造物相遇的場景。這裡的太空船也是一個直徑廿公里、全場五十公里，內部並有人工太陽照耀著的一個圓筒狀空間。這或許也應該可以被視為一個太空殖民地。

更大規模的還有拉瑞·尼文的《圓環世界》[18]。圍繞在恆星周圍的龐大環狀構造物，其環狀的幅度約一百萬哩，半徑則與地球繞太陽公轉半徑約略相同。帶狀的人工環境中有山也有海，透過內側日照的遮環，實現著日夜交替的現象。然而，還有比圓環世界更大的構造物，那就是整個地覆蓋了恆星周圍的「戴森球」（Dyson Sphere）。鮑勃·蕭尚未翻譯的長篇小說《軌道城》[19]便是以此為主題，然而這種巨大感或許已經超越了都市概念也說不定。

15/

Robert Anson Heinlein, *Orphans of the Sky*，1963，於 1941 年發表於雜誌。

16/

Aim for the Top!, GunBuster. 是 1988 年由 GAINAX 製作的電視動畫，原作為岡田斗司夫，導演為庵野秀明。

19/

Bob Shaw, ***Orbitsville***, 1975.

18/

Larry Niven, ***Ringworld***, 1970.

17/

Sir Arthur Charles Clarke, ***Rendezvous with Rama***, 1972. 繁體翻譯版由小知堂文化於 2005 年出版，翻譯為《拉瑪任務》。本書獲 1973 年星雲獎，以及 1974 年的雨果獎最佳長篇小說獎。

swamp
mud
window frame
gravel
vegetable
manure heap
print rejects
earth
dredging

7

五十嵐太郎

亞洲與電腦

7-1 海市[1]或烏托邦的盡頭

浮在亞洲的人工島嶼

海市，以現在的目光來看可以將之視為一個烏托邦計畫。這是在一九九七年東京的 Inter Communication Center（ICC）的開幕展中展出、由磯崎新所企畫的「海市—又一個烏托邦」。

這個展覽是將一九六〇年代以後建築家們已經很少提出的大膽都市構想，以三十年後的脈絡與視角重新企畫出的嶄新思考，同時也可以說是投注了大量人力、精力所完成的烏托邦模擬遊戲。形式上並非是以書本或文字、也非僅以圖像或模型呈現，而是把上述這些全都統合起來，積極地利用網路來呈現出烏托邦，這種做法可以說是首度嘗試。儘管在展覽期間中，都市姿態仍不斷變化，

1／

此處的「海市」維持原文，日文中「海市」有指海市蜃樓之意，但是在此處因為主要以磯崎新的「海市計畫」為主要討論，所以保留「海市」而未將之翻譯出來成海市蜃樓。

人們卻可以完全不需要踏入會場；只要坐在電腦前面，就可以透過電腦進行各種狀況的確認。

在九〇年代，不限於建築界，亞洲與網絡（Cyber）兩個領域都相當活絡。兩者都成了思索＝投機（speculation）[2]的場所，並在失去可開拓領域的時代中成為新邊界，並且藉此擁有預見式的、同時是未來志向型的主題。例如，上海於九〇年代至二〇〇〇年間，出現了各種各樣的超高層大廈，可以說是世界上變化最大的都市。因此，描繪新種病毒在廿一世紀末蔓延開來的科幻電影《致命紫羅蘭》（*Ultraviolet*，二〇〇六）中也就利用了這個效果，將名為「東方之珠」的城市和上海科學技術館等作為象徵未來意象的舞台。

在中國．珠海市的橫琴島與澳門的海岸線外、南海海面上所建設的這個面積約四公頃人工島「海市」，透過數位媒體科技將之表象化後，可以說就正位於亞洲與網絡這兩個新邊界的交集位置

2／
speculation 有著思索與投機兩種意思，在這邊按照原文譯出，原文為「思索＝投機（スペキュレーション）」。

上。與之前的海上都市比較，丹下的東京計畫1960或大高正人的東京海上都市提案（一九五九）[3]，都是立基在為東京奧運作準備之都市改造上所推進的東京新邊界，也是象徵正位於高度經濟成長期的日本之基地。另外，菊竹清訓所提出的浮游式海洋構築物Aquapolis（一九七五）[4]也是以紀念沖繩歸還的海洋博覽會為契機而成為可能實現的計畫。黑川紀章的「東京計畫2025」中的人工島，正是在泡沫經濟勢不可擋之前趁勢率先提出。也因此可以說，未來都市的舞台從泡沫經濟後的日本移轉到九〇年代炙手可熱的亞洲，也是必然的情勢。

「海市」這個計畫，原本是一九九三年珠海市委託磯崎新進行的設計案，委託案一邊進行，一邊在東京以媒體藝術為對象採用了新型態展示方式，因此也被認為是一個新的場所概念。恐怕，不想在這時代流轉中落後的日本（或西洋？）的想望，也由海市忠實地反映出來了。這個形狀如同吉他撥片的人工島「海市」的形狀就是情報資本主義慾望的形象化，並且可以說是將這股慾望把

3／
東京灣上都市的提案，為大高正人與奧村珪一於1959年發表的提案，為「晴海高層住宅大廈」一案為基礎發展的未實現之都市提案。

4／
菊竹清訓所設計的此案全名為「海上都市1975——Aquapolis」。

島國日本擠壓成歪斜扭曲的投射影像了。

接下來我們進一步來討論這個計畫。作為經濟特區的珠海市希望在淺灘上建造一個同時具有文化、學術、業務、會議、居住功能的人工島，磯崎新則回應了這個需求。街道的模式是利用人工智慧演算法所構成；只要條件齊全的話，實現性就相對提高這點雖然是基本都市計畫屢試不爽的法則，但這裡指出了令人頗為在意的層面：因為考慮到風水地勢，因此決定人工島形狀的，並非是都市計畫中的機能考量，而是加入了虛構這點讓人感覺意味深長，同時也讓人想起應該成為批評對象的巴洛克近代都市計畫。有著明確軸線的中心區在這個設計中是否有其必要？並且，儘管住宅地區的建築形式參照了中國傳統的四合院與客家住宅，但後者即使在中國也是相當特異的形式，這與其說是以實際居住為考量，讓人更感覺到是來自一種異國情調的概念。

即使這麼說，這些不過是作為起點的原型提案；並非是根據個人夢想而就此固定下來的烏托邦，在展覽會中透過「Signature」（透過傳真或電子郵件報名的建築家提案）、「Visitor」（在會場的製作）以及「Internet」（從網路的一般連結）這三個層次來加入他者的介入，預設了變化的發生。磯崎的Computer Aided City計畫（一九七二年）曾透過設施群的新組合將城市的構成模式作為問題來加以處理，而在海市中，都市如何變化的過程也成為焦點。

變化的烏托邦

展覽會的設置相當複雜，這是因為不管是哪個部分都是環繞著烏托邦的思索／實驗。以實際來說，海市就是過剩的烏托邦；但卻與康帕尼拉的《太陽之城》中所描寫那種塞滿了博覽強記的世界知識、或是傅立葉的烏托邦那種將世界的要素和分類相組合，在思維上都不盡相同；然而最終從建築．都市的側面來看，還是一種過剩，以及為因應這個過剩而選出相應手法。例如，在複數層面上同時產生的平行烏托邦，即是從同樣的模型中開展出來的多種可能性。海市雖然看起來是一個島，但卻有著複數的存在，亦即既是以一座孤島、卻也以群島的樣態存在。同時，在「Signature」這個展區中，在時間上與十八世紀皮拉內西[5]想像的古代羅馬地圖結合，空間上則將與世界各地的連結在一起，如此地在群島之間（inter-）懸空吊掛的烏托邦。而在網頁的介面上，參訪者可以在各個點或出島之類的地方登場，這個設定被認為是朝向去中心群島的開端。

海市，難道不是一個被片面中斷的建築烏托邦的消逝嗎？

約五十名知名建築家在「Signature」展區的零碎基地上插入自己的作品；並邀請十二位數位建築家在三個月期間以「連歌」[6]方式，不斷在「Visitors」區塊中生產出不同提案；然後，通過「Internet」，可讓不特定多數的人提供各種不同的創意。指定出色的現代建築家，使各種優秀的才能在現場發揮，同時也向不

5／

Giovanni Battista Piranesi，出生於18世紀的義大利畫家與建築家，以羅馬遺跡以及羅馬都市景觀的版畫創作聞名。

6／

連歌，為日本古典詩歌的一種體例，於鎌倉時期即已存在，為俳句前身，由多數人以特定嚴格的規格連作形式的詩型，另有一說法是從寺廟裡和尚禪學問答而發展出來。

特定多數的一般人敞開大門——亦即一種「全員齊聚一堂」的場景，雖然在網路中參與的無數匿名者並無法在現實生活中一一見面，但這種做法卻盡可能地打開了參與的所有可能性。同時，來自各方的不同批評與意見都能在網路上生產，不論是讚賞或批評；這也讓人感覺到在言說的層面上亦盡可能一網打盡的意圖。

不論誰、在何處、於什麼樣的時間點，都能毫無限制地自由參加——當然，這在現實中是不可能的事，但這便是「海市」的終極目標。的確，就如同當代哲學家德勒茲（Gilles Deleuze）評論劇作家薩繆爾・貝克特（Samuel Beckett）的方法論時所說的，建立系統的目的並非是要滅絕可能性。即便如此，海市的嘗試與這個論點有著相當接近的關聯性。如果是貝克特的話，會設定一個限定單純要素的空間，並編織出一個能夠完全網羅的系列，就像是由一萬五千個配置排列組合而成《莫洛瓦》（Watt，高橋康也翻譯，白水社）。然後為了跨越這種舞台劇的語言，電視這種新媒體就令人產生極大興趣。

另一方面，在人工島這種封閉空間中演出的海市計畫也由於其烏托邦性質、因為沒有實現的可能，因此反而能夠是一個極盡所有可能性的運動體。德勒茲認為那是極盡所有純粹想像的瞬間展現；這與他所批評的、如同手銬一般的「思考的想像」不同，這是在語言可能性消失殆盡的臨界點所打開、在龜裂中生成的想像，如同從《愛麗絲夢遊仙境》裡笑面貓的笑的殘像中游離出來之物。倘若如此，海市的想像（image）也可能是一種虛幻鏡像（mirage）。更有甚者，海市也隱含了中文裡海市蜃樓的寓意——那即是烏托邦的裂縫中所出現的海市蜃樓之影。

網路中的廢墟

那麼這麼問吧，烏托邦消失殆盡的結果，就是海市蜃樓顯現的時刻嗎？

至今，我們仍然沒有見到海市蜃樓。

不，應該說現在還看不見較為適當。但那是因為其耗盡仍舊不充分的關係，還有殘留下來的可能性，比如說，在網路中的廢墟是無法完全消失的不是嗎？我們雖然在海市生成的現場相遇，也應該試著想像它腐朽的模樣。以結果來說，整體計畫並未固定下來，隱蔽了生成系統的反都市計畫「海市」無法實現，展覽會也因為過於複雜而不能說是完全成功，成了想像的廢墟。展覽會中模型被撤去並遺棄，只剩下網路首頁上還留著些許情報。[7]

這個網頁會繼續留存多久我並不清楚。在展覽會結束之後，人們仍然可以登入瀏覽；也許會留存到誰也不再登錄那個網頁的時候也說不定。或者，也許會成為一千年後電子考古學者所挖掘的對象也說不定；或者也可能成為誰一不小心才會偶爾漂流上來的無人島。不，或許在那之前網頁就會閉鎖、落下幕簾的舞台也會從視野中淡出也說不定；成為誰也無法看見的、沉默的廢墟。蜃樓中的都市虛像肯定就那樣地在海上漂流著，就算海市最後以什麼形式實現了，這個廢墟仍舊會像亡靈般纏繞著。

7／

作者在此處意指原書出版的 2010 年時，海市的網頁仍然留存；實際上，直至編輯此書中文版的此刻（2014 年），該網頁仍然存在。網址請見：http://www.ntticc.or.jp/Archive/1997/Utopia/

7-2 MVRDV的數據城

隨著九〇年代電腦技術開始導入設計現場，對「虛擬」的期待就不斷增強。許多雜誌也開始策畫特集、也有些展覽以此為主題進行。新世代的建築家們煩惱著是否要使用電腦這項新武器，也對此進行了諸多嘗試；荷蘭的設計團體MVRDV就如同哥倫布的蛋[8]一樣，以其明快的形象成為該風潮的典範之一。

這個團體並不是曲折隱晦地設計著虛擬建築，而是將電腦設定為資料的解析與模擬工具；MVRDV大量且高密度地注入所需的各種機能，如同解謎一般進行模擬組合，其結果就能將各種關係圖面完全地建築化。

位於阿姆斯特丹的100WOZOCO's（一九九七）是以一百戶高

8／
「哥倫布的蛋」來自航海冒險家哥倫布的故事。在他發現美洲新大陸、回到西班牙後，在宴會上有人說「發現新大陸有什麼困難？只要有船，誰都能發現。」此時哥倫布拿起雞蛋，問誰能夠把雞蛋立在桌上，大家試過後都沒有成功，他便把蛋的一端輕輕敲裂，於是蛋就直立在桌上。此寓言意指「創意並不困難在創意本身，而是就在於發想之前沒有前例可循。」

齡者入住為條件，基於法規限定而採用長方體形狀的量體，結果卻只能容納八十七戶，因此剩下的十三戶就反裝置在突出牆面的外側；結果這些剩下的住戶單位便漂浮在空中，造成了唐突的造型。

MVRDV的數據城（datatown，見圖錄P.310）是在展覽（一九八八～八九）中利用電腦與影像發表的作品。相對於磯崎新的「Computer Aided City」是透過資訊系統來配置各種設施、且可以組合替換的未來都市模型，數據城是透過統計數字所構築的假想都市。MVRDV以兼具生態學考量的發想設定了一個自給自足的都市，以生活所必需的資料為基礎來進行形態操作，排除了迷思與意識型態。也就是說，不接受「烏托邦即應該是一個完全的圓」這種前提，而是只根據資訊與統計來描繪都市形狀。

數據城大約是以超特急列車一小時能到達的空間，也就是以朝四方延伸約四百公里的範圍、容納足以匹敵美國總人口兩億四千萬人的超高密度都市。平面計畫是按字母順序編排條碼以構成場域，並以荷蘭為模型描繪出每個領域必要面積的圖面，讓人完全無法感受到人文主義思維。相對於巴洛克式都市計畫那種透過強力的中軸線朝外呈放射狀展開的大道思維、或是根據紀念碑思維的配置表現出都市奇觀，數據城只是以滿滿的數值自動地列舉各項配置。

處理官僚數字一向被認為是相當無聊的工作，但MVRDV卻用極端的模擬把這樣的刻板印象完全逆轉，若完全根據數字來進行都市計畫的話，像戲畫[9]一般的世界也是可能存在的；例如，若全人口都居住在同一個巨大建物中，每個人以單邊一點五二公里的立方體為單位，則居住面積就會比原本設定要縮減百分之零點零三。或者若採用香港的居住形式，就能再提高人口密度：這是因為居住的面積只需要百分之九，而其餘的百分之九十一就能轉換為公園；其面積將高達七千四百二十三平方公里。同時，若繼續以巴塞隆納街道為模型來規劃中庭型的集合住宅的話，住宅

9／戲畫，即一種戲玩為目的的日本諷刺畫。

用地中的百分之三十六就能夠轉換為公園使用，而這將幾乎等同於紐約中央公園的七百三十六倍。也就是說，在數據城中，所有的資訊數據都可以直接風景化，創造出所謂的「數據景觀」（datascape）。

這並不僅僅只是一種藝術性的表現主義。MVRDV以一系列盲從於數字的荒謬演示，引導出在理論上從未有過的世界。雖然人體是由水分、鐵質等要素依比例以數字來描述，但是單單靠這些組成自身並無法直接構成人類；即使是相同的組成，能夠構成的型態也是各式各樣。同樣地，MVRDV把被要求的條件轉換為合理化的數字，不需要考慮的都市便從此產生了。他們所師從的雷姆．庫哈斯（Rem Koolhaas）曾提出能使過去價值觀皆為無效的一種「巨大」之概念，MVRDV則在那本厚重的著作《FARMAX》（010 Uitgeverij，一九九八）中，提出「在條件的臨界點進行從未有過的設計」，然而與雷姆．庫哈斯那種反諷的偽善特質相比，MVRDV更讓人能感受到其素樸的氣氛——

儘管他們的企圖可能正是有意識地偽裝成純真也說不定。

數據城並非是一個無限成長的願景；為了生存，必須在有限性中有效地換組都市成分。比如在工業地區為了排除大量排出的二氧化碳，便需要超過一百公里、高三千八百卌四層樓高的森林，因而生成都市中的絕景。另外，維持都市運作所需的所有能源全仰賴風力發電，因此在都市的邊境累積十九層、高為七百六十公尺的風車群帶必須蔓延四百公里長——這或許也是荷蘭式的幽默吧。廢棄物每天堆積成七十三公尺高的垃圾山，若嚴守三百二十七平方公里的指定面積的話，那麼一百五十年後就只能垂直延伸，一百萬年後這些垃圾構成的山脈就會成為與阿爾卑斯山同等級的高山山脈，一到冬天還能夠在上面滑雪。總之，分類處理的垃圾山每年不斷增高，生成了新的地形。電影《瓦力》（*WALL-E*，二〇〇八年）中，廿九世紀已經無人居住的地球上，仍然還有機器人們正在堆高巨大的垃圾山，這便是資料至上主義的設計論所帶來的末世風景。

MVRDV是由Winy Maas、Jacob van Rijs、Nathalie de Vries三人所組成，奇妙的團體名稱則是以成員的名字首個字母M（Maas）、VR（van Rijs）、DV（de Vries）單純並列而成。這種實事求是的態度，就與他們的設計手法如出一轍。由他們所設計的二〇〇〇年德國漢瓦威（Hannover）世界博覽會中的荷蘭館，是由綠色所覆蓋、內部散佈著圓筒狀物、在各個樓層展開如同洞窟一般的空間，八種不同樣貌的地景就如同巨大標記般相互重疊。

六〇年代的狂熱風潮後，建築家紛紛從都市計畫撤退；但MVRDV則再度對都市計畫投注熱烈的目光：在Big・City（二〇〇一）這個提案中，從豬肉的年間消費量計算出飼養豬隻的量和所需的面積，為了打造密集的集約牧場，於是造就了並排羅列的高層化養豬場，就如同電影《駭客任務》（*The Matrix*，一九九九）裡培育人類的塔一樣；另外，他們也提出了集合了三千五百個貨櫃，在其中搭建都市生活的「貨櫃都市」（Container

City）。MVRDV之所以如此執著於都市計畫，或許正是因為荷蘭是以高密度都市生活為主、在以填海造地的人工土地上生活著的國家之故。他們的其他提案，例如高速公路與建築物的複合體，以樑取代樁基礎、在既存建物下擴張空間的3D City等案，即使在人口密度過高的荷蘭也都是相當實驗性的提案。

7-3 邁向非標準（Non-standard）都市

龐畢度中心建築・設計部門策展人德列克・米格侯（Frédéric Migayrou）曾於二〇〇三年以「非標準建築」為企畫展覽標題；從他所撰寫的論文〈非標準的秩序〉[10]為起點，我們一起來看看「非標準建築」的內容。

文章一開始他便如此定義「非標準」：第一，對現代主義的大量生產、標準化、規格化的抵抗；換言之，便是採用晚期資本主義的生產樣式。第二，如同一種嶄新微積分學模式。以下便引用他直接說明建築的段落：「非標準建築的賭注正是完全拒否對形態的預先設想，以及以及將形態設計的原理事先暴露在外部的這種傾向。」也就是說，不同於權威的古典主義，也非工業的機能主義，而是以嶄新形態所生成的規則。

10／
收錄於森美術館編《アーキラボ》，平凡社，2004

德勒茲曾經引用建築家納伯德・卡須在《皺褶：萊普尼茲和巴洛克》[11]中談到的以下論點，德列克・米格侯也在論文中援引了這段話：

在現代狀況中，沒有一個法則能夠恆常有效，規範總是不斷地變動，物體（objet）不間斷地在變動中固定其位置，設計製造上下游連貫的系統，也就是以數位化發包的機械來替換鑄模作業。

也就是說，物件（objet）已經不是被壓進空間的鑄型之中，而是根據不斷生產差異的系統來重新界定。實際上，根據卡須與派翠克・布斯（Patrick Beaucé）提出的「Objectile」，就是用上述這種物件概念作為設計手法，來進行椅子設計的企畫：這並不只是設計出奇形怪狀的構想，而是透過電腦來具體設定椅子的部分及關節，同時也將製作現場含納入設定範圍。他們提倡利用由數位電腦控制的機器人來提高製造技術與連動，也就是不需要製作

11／

Bernard Cache, *Le Pli. Leibniz et le baroque*, 1988.

圖面與模型，直接將構想概念實體化的系統。

非標準建築在手工業的前近代時期是無法實現的，也無法透過近代的單純機械量產來實現；它並非是同一物品的反覆，而是在所有的零件材料之間孕生著微小的差異、同時又絲毫不差地組合起來。例如，KOL/MAC 提案的 META_HOM（二〇〇三）設定了由數值控制的製作技術；而 FOA 的橫濱大棧橋國際客輪航站（二〇〇二）則是透過電腦進行三次元設計，像是做 CT 斷層掃描一般做出連續的剖面圖，也就是刻意迴避一、二、三樓以同樣樓層平面反覆那種以常識構成的建築。另外，擁有柔和的表層面，一邊感知周圍的環境與訊息、隨之做出表情變化的建築也逐漸增加。如 NOX 設計的水資源展館[12]（一九九七），感應器可捕捉人的動作並在表面上產生回應，這便是導入對各種變化都能柔和回應的電腦後所產生的嶄新建築模式。其他像是彼得·馬利諾（Peter Marino）的香奈兒銀座大廈（二〇〇一）有著映像螢幕立面的設計，或是能夠隨時變更保全範圍的系統空間都包含在這

12/ 原案名為 HtwoOexpo，位於荷蘭。

一類的建築中。

米格侯的展覽會中，除了著名的Objectile概念外，還介紹了包含NOX、葛瑞格・林恩（Greg Lynn）、KOL/MAC、ASYMPTOTE、decoi、卡司・歐思特許司（Kas Oosterhuis）、UNStudio、R&Sie（見圖錄P.311）等等數位建築家們的流動空間。但這些並非能否在圖面上描繪出無重力型態的問題，而是能否與生產出來這樣的下部構造接續之問題。在這個意義層次上，法蘭克・蓋瑞（Frank O. Gehry）的畢爾包古根漢美術館也可以算在將部材切割出來、並將生產系統直接與電腦連動的「非標準建築」。近年，BIM（Building Information Modeling）系統也備受矚目。

日本建築家的話，則要談到渡邊誠的設計活動。他參照生物構造，認為「在生物體的極簡主義（Minimalism）中，形體並不會趨向單純化，而是會在形式上呈現出多樣、讓人能感覺到自由奔放的設計感；實際上的架構卻會以強而有力的極簡主義來運作。」[13]。例如，他所提出的「太陽神的都市計畫」一案，並非僅是像希爾貝賽默（Ludwig Hilberseimer）[14]那樣將長方形住棟單純、反覆地平行配置，而是充分地計算日照條件，進而提出將小箱型量體作為複雜有機組合之新形式的可能性；也就是說並非是量化的規格品，而是由各種不同的零散素材所組成。另外，東京地下鐵的飯田橋站的換氣塔設計同樣也不使用固定尺寸的組件，而是經由構造計算後，必要的地方使用較粗的組件、並非必要之處則使用細的素材，與植物或骨骼造型的原理非常相近。

另外，伊東豊雄在仙台媒體中心（SMT）之後的建築，也都可以放在在非標準系譜中來看。若說現代主義就是以規則格狀來配置垂直柱、據此成立的空間系統，那麼仙台媒體中心就是將彎曲的軟管並置、創造出流動的空間。但這並非是與生產直接相關的選擇，而是相對於資訊化意象，所展現出來的強烈表現主義之傾向。然而，在那之後所發表的倫敦蛇形藝廊戶外展亭則是在長方體中

13／

《建築は、柔らかい科学に近づく》，建築資料研究所，2002

14／

希爾貝賽默（Hilberseimer, Ludwig，1998～1967）為德國都市計畫建築師，於1928年進入包浩斯學院任教，1938年移居美國任教於芝加哥伊利諾伊理工學院城市規畫系。

導入任意分割成面的線段，以數學的規則來進行設計，並且與構造的系統直接連結，以提高手法的透明度。

作為新時代的生產概念，伊東認為「應該要將本來像在工廠中製作出來的工業製品一般的建築，將它與農業般的空間組合，轉變為獨一無二的建築」[15]。當然，這裡所指的農業是一種隱喻——蘋果樹雖然看起來都一樣，但實際卻各不相同，這種狀況可以說是相當符合非標準建築的模型，這也是前近代產業透過資訊化被再定義的結果。然而，農業這個詞語含有根植於土地的脈絡，與米格侯所提出的概念並不相同；就算不論這些，非標準建築擴張的方向性仍然令人感到相當有意思。

從工業化時代的標準建築到情報化時代的非標準建築發展，這裡所指出的並非僅限於意象層次，而是導入電腦後構成了建築方向性上的根本轉變；這並非僅是巨型結構的未來，而是在奈米科技層面也產生變化一般地想像著建築的嶄新未來。

15／
《オルタナティブ．モダン》，TNプローブ，2005。

ディアスポラ
グレッグ・イーガン
山岸真 訳
Diaspora

"WILLIAM GIBSON IS ONE OF THE MOST EXCITING NEW WRITERS TO HIT SCIENCE FICTION IN A LONG WHILE. HIS FIRST NOVEL IS AN EVENT I'VE BEEN EAGERLY AWAITING."
—ROBERT SILVERBERG
EDITED BY TERRY CARR
THE NEW ACE SCIENCE FICTION SPECIALS
NEUROMANCER
WILLIAM GIBSON

都市と星
〈新訳版〉
アーサー・C・クラーク

8

磯達雄

虛擬空間的另一端

8-1 無聊的未來

進入大阪萬博結束後的一九七〇年代後，世界明顯地失去了邁向未來的力量。不僅在日本面臨了高度經濟成長期結束，在國際間，也有羅馬俱樂部[1]高喊著「成長的臨界點」（一九七二）之宣稱。石油危機突顯了能源有限的問題，而打開了宇宙之門的阿波羅太空計畫也宣告終結。[2]

被稱為後現代主義的時代來臨，科幻文本創作與建築家們都已經不再描繪未來都市的圖像。巨蛋都市、空中計程車、磁浮列車的魅力也消失殆盡。科學技術至上主義者所夢想的「美好未來」好像已經不會到來。另一方面，如反烏托邦小說所描寫的那種由全體主義者所支配的「可怕未來」，似乎也不會發生。

1／

Club of Rome，為一國際性的智庫組織，於1968年由義大利學者Aurelio Peccei與蘇格蘭科學家Alexander King發起，組織最初由來自各國包含學術、市民社會、外交以及工業等領域的人士於羅馬所組成，因此命名為羅馬俱樂部。

2／

阿波羅計畫是美國太空總署從1961年開始到1972年為止的一系列太空計畫，其中包含1969年駕駛阿波羅十一號成功登陸月球，以及在出發後發生氧氣罐爆炸事件的阿波羅十三號。

巴拉德的小說《水泥島》[3]，就是書寫這種七〇年代氣氛的代表作。主角因為發生車禍事故，因而意外跌落到被高速公路所環繞的三角形土地上，而且無法逃離出該地。那是在都市的正中央，宛如孤島一般的所在。

三層高速公路立體交疊串連的景象可以說就是未來都市的象徵。因此困在此處、無法逃脫的人類，也就代表著當時的未來都市處境。

在八〇年代後的一次訪談中，巴拉德曾如此表示：

「若用一句話來表達我對未來的恐慌，那便是，無聊。」[4]

如同位於郊區的購物中心一般的未來。未來都市的思考本身目前正處於危機當中。

3／

James Graham Ballard, *Concrete Island*, 1974.

4／

日文原文出處：〈真実を見出すこと、あるいは精神の戦場 J．G。バラード．インタビュー〉，ジュノ＆ヴェイル、《季刊GS》4號

在這樣的情況下，刺激著八〇年代後科幻作家的少數技術主題，便是當時急速普及化的電腦，並據此探求與之前截然不同的新都市想像。

8-2 人工智慧化的都市

因為導入電腦而改變的都市樣貌，在科幻文本中是如何呈現的？首先得從其前傳開始討論。

初期科幻類型作品中所出現的電腦，是一台巨大的機械。那也是一種巨型結構的意象，英國作家史德普頓於一九三〇年出版了《人之始末》[5]。這是一部紀錄了直至廿億年後人類歷史的未來鉅史，而在小說中的「第四期人類」，以鋼筋水泥建造了高達四十呎的「腦之塔」。

進入六〇年代後，因為反映冷戰的時代氣氛，出現了關係人類存亡的巨大軍事用電腦。其中雖然D・F・瓊斯（D. F. Jones）的《巨無霸》[6]在當時頗富盛名，但同樣的設定，若從都市設計的觀點來看

5／
William Olaf Stapledon, ***Last & First Men: A Story of the Near and Far Future***. 1930.

6／
Colossus, 1966. 被改拍為《地球爆破指令》，於一九七〇年上映

德國作家所撰寫的《巨人頭腦》（*Gigant Hirn*，一九六二）就顯得相當有趣。

超巨型電腦就放置在美國亞利桑那州地底下的秘密軍事設施裡；而收納著電腦的圓形空間中，有著為了維持電腦運作所需、數量龐大的科學家及工程師在此工作。因此，這裡就像是一個都市一樣。來到這裡的小說主角，搭乘上網絡複雜的手扶梯，一邊在內部移動，一邊聽著「這裡是延髓區」、「這裡是小腦區」等廣播說明；這個地下都市的空間本身，正是以人類的腦部為模型設計而成。儘管從古至今，「模擬人體結構的都市」這樣將都市擬人化的思考方式不並少見，然而進入廿世紀後半之後，都市則開始變成以「腦」作為模型、將其結構投射在都市結構上。

描繪電腦化都市形態的代表性作品，應該是英國科幻作家亞瑟．克拉克的《城市與群星》[7]。

7／

Sir Arthur Clarke, *The City and the Stars*, 1956.

故事的舞台是被沙漠所圍繞、名為「Diaspar」的閉鎖都市。這個都市是由中央電腦完全控管，因此在十億年之間幾乎沒有變化地存續著；整個故事便是從城市中出現了某個特殊的人物、破壞了原先安定不移的社會開始展開。

住在Diaspar的人們，事實上是以電腦資料來置換：記憶體每十萬人就會進行重新裝載、並經營這些人的「生活」。住民的壽命設定為一千年左右，人若死亡就會重新回到資料庫、進行資料的再編輯。

在這故事裡所描述的城市，是根據電腦完美虛擬出來的東西，而人類只是其中的組成要素之一；這就是作者亞瑟．克拉克所設想的最完美城市。

情報化的都市與人類之間的關係，是從八〇年代後就成為科幻類型文本所不斷講述的主題之一，也對建築界產生了相當大的影響，例如磯崎新的Computer Aided City（一九七二）就是受這類小說影響下所產生的作品。

8-3 虛擬空間的誕生

在電腦發展史中，八〇年代是急遽邁向輕薄短小與個人化的時代；今日使用的網際網路技術雛型也在此時誕生，因此進入了並非由一個巨大電腦來管理全體、而是由分散電腦連接網際網路。這種嶄新的電腦社會景象在此時也成為新的優勢。

在這種時代的科幻文本中所興起的，是被稱為「電腦叛客」（Cyberpunk）的運動風潮，其中心人物即是長住於加拿大的作家威廉．吉布森。他在短篇小說集《燒鉻》[8]中提出了所謂虛擬空間（cyberspace）概念，而這設定也在後來的長篇作品《神經浪游者》[9]中繼續延用。

有時也被翻譯成網際空間的虛擬空間，是在電腦網路上共有的假

8／William Gibson, ***Burning Chrome***, 1982.

9／William Gibson, ***Neuromancer***, 1984.

想空間。人類將電極放在頭上並沒入其中——身體雖然仍處於現實世界，但意識上卻已經進入電腦中的假想空間，並在其中活動。在虛擬空間中，能在場所與場所之間進行交通及移動、也能進行人與人之間的交流，還有精心設計的景觀。因此這裡也可以說是在電腦網絡中所誕生的都市。

威廉．吉布森所描述的虛擬空間場景被形容為「無限延伸的透明立體棋盤」，有時候也被稱為「網格」（grid）或「母體」（matrix）的明亮均質空間。如果看過電影《電子世界爭霸戰》（*TRON*，一九八二年公開放映）的讀者，或許便會想起被方格所覆蓋的虛擬遊戲世界。

所謂均質空間，是設計了芝加哥西格蘭姆大廈等作品的建築巨匠密斯．凡．德羅所提出的特定概念，而現在各種正興建中的辦公室大樓或展示場也仍然依據這種思考模式的延長而設計出來，算是現代建築根本的空間原型。即使在都市設計中——如紐約的曼哈頓，也清楚地表現了這種思考方式。威廉．吉布森因為意識到了這點，因此也在《神經浪游者》中的虛擬空間中置入了並列著超高層大樓的曼哈頓場景。

威廉．吉布森所開拓的都市空間給了建築相關人士極大刺激，致使構想出新建築方向的建築家和研究者不斷出現；例如建築研究者米夏．班尼迪克（Michael Benedikt）就是其中一位，他不斷追求完備的虛擬空間原理，並提出了排他原理（相同場所，相同時間中兩個東西不可能同時並置）、交通原理（從某地點至另一地點之間的移動需要一定的時間）等概念。

8-4 移居電腦都市的人類

類似虛擬空間的概念，在弗諾．文奇的《真名實姓》[10]以及魯迪．拉克爾的《時空甜甜圈》[11]等科幻小說中就已經可以看見；若是要談到共有假想現實這樣的設定，則有之前提過、在六〇年代丹尼爾．F．蓋洛伊的《三重模擬》[12]。但若說到能夠將電腦與一體化的非法技師（outlaw technologist）們的生態都栩栩如生地描寫出來的話，則沒有人能像威廉．吉布森的作品那樣具有壓倒性的影響；虛擬空間這個概念也因此成為作家們所廣泛共有的公有領域。

例如柾悟郎在《維納斯．城市》（一九九二）中，描述了在假想現實的「維納斯城市」裡，有著與現實世界的認同完全相異的人們；其他也有像尼爾．史蒂芬生在《潰雪》[13]中所描寫，比現實

10/ Vernor Vintage, ***The Names***, 1981.

11/ Ruby Rucker, ***Spacetime Donuts***, 1981.

上更有存在感、名為「魅他域」（Metaverse）的巨大假想世界。這個「魅他域」之後在線上遊戲或像是「第二人生」（Second Life，一個線上虛擬遊戲）之類的地方實現了，在內部空間活動所使用的名稱「阿凡達」（Avatar，成為使用者分身的人物）也成為指稱這個網路假想空間的代名詞。

除了小說外，虛擬空間也在相當多其他作品中出現；如電影《駭客任務》就是將這種虛擬空間直接視覺化的代表作。而日本動漫中也頻繁地使用了這個設定，另外如《電腦線圈》（電脳コイル，二〇〇七）或是《夏日大作戰》（サマーウォーズ，二〇〇九）等作品中也都可以看見。

這些以虛擬空間作為題材的科幻作品幾乎都是以近未來作為時代背景，但葛瑞格·伊根的《大離散》[14]則是以特別遙遠的未來為舞台背景的小說。

12/ Daniel Francis Galouye, *Simulacron-3*, 1964.

13/ Neal Stephenson, *Snow Crash*, 1992.

西元二九七五年，人類已經找到能夠複製人格的方法，他們多半都捨棄了肉體、「移入」電腦中的假想空間——那裏是名為「城邦」（Polis）的虛構都市。在這個無論是物理法則或是時間流動都與現實全然不同的世界中，人們過著與外界完全隔離的生活。而在「城邦」中出生的人工生命也與這些移入者共居其中。

威廉·吉布森的《神經浪游者》中便已經出現過肉體死亡、只能在虛擬空間中存活的人格角色Dixie Flatline，在《大離散》中也描述了對這種現象習以為常的世界——葛瑞格·伊根透過對「城邦」這個未來都市的考察與描繪，到達了虛擬空間這個目的地。

14/ Greg Egan, *Diaspora*, 1997.

8-5 被回收的未來都市

有人認為巨型結構林立的這種主流未來都市，在八〇年代後的科幻文本中已經完全消失，這樣的描述並不正確。例如，拉瑞・尼文&傑瑞・伯爾尼勒的《宣誓效忠》[15]是以洛杉磯所建造的巨大生態建築（arcology）為背景的故事。生態建築是美國建築家保羅・索拉尼所構思、將都市機能內包其中的巨大構造物，一般被翻譯為「生態建築」或「完全環境都市」；這概念原本是六〇年代烏托邦建築概念之一，但這在這部科幻作品當中卻成為反體制派恐怖攻擊的對象。

事實上，威廉・吉布森的作品中也出現過生態建築：在《神經浪游者》的開頭，主角在千葉市所眺望著遠方那端，被稱為「夜之街道」的黑市即是生態建築。這個場景應該讓很多人都想起電影

15/ Larry Niven & Jerry Eugene Pournelle, *Oath of Fealty*, 1981.

《銀翼殺手》——與這部電影中登場的金字塔型巨型企業大廈一樣，對威廉．吉布森來說，生態建築並非是光明未來的象徵，反而是陰鬱的都市景觀之一大要素。

巨蛋城市也隨之登場。在《神經浪游者》的續集《讀數歸零》[16]中，主角的故鄉「史普羅市」（Sprawl）是一個融合了紐約、亞特蘭大、波士頓等大都會、同時被測地線拱頂（geodesic dome）覆蓋的巨大都市。不過在這個城市內部，卻持續地下著從被煤煙薰污的測地線上結露成的雨；作為未來都市所建設出來的巨蛋，經年累月的結果卻是一點一滴地失去了它原本的機能。

已經成為過去的未來都市——這個主題在威廉．吉布森的作品中反覆出現。

如以大地震後的近未來舊金山為舞台的三部曲中的第一部作品《虛幻之光》（*Virtual Light*，一九九三），故事描述了以跨海大

16／

William Gibson, ***Count Zero***, 1986.

橋串結個不同構造物所構成的奇妙社區；數千遊民在此處寄居，可以說是都市中的異界。作為世界上最長吊橋的跨海大橋原本是美國先進性的象徵，在這個故事中則變換了用途，仍繼續為人們所用。而續集《阿伊朵》（*Idoru*，一九九六）中，則計畫將東京灣上漂浮著、以香港九龍成為模型的垃圾島轉化成「城寨都市」；在這些作品中，都市仍然朝向未來前進，這與作為廢墟的頹廢之美不能混為一談，而是朝著被回收的未來命運前進。

8-6 奈米科技（nanotechnology）開創的新城市型態

威廉・吉布森的《阿伊朵》中透過奈米科技，創造出讓超高層大樓就如生物般從水中開始生長的概念。九〇年代以後的科幻文本，以奈米科技與生物科技取代電腦來創造都市的新圖像；我們就在這一章中來討論這些作品。

作為先驅出版的是布萊恩・史戴博福特&大衛・蘭福特的《第三個千禧年：二〇〇〇~三〇〇〇年的世界》[17]。這本小說是兩位科幻作家對西元三千年未來社會的預測，並以未來史的形式記錄，其中也介紹了美國生物科技學者Leon Gantz所開發的「膠結工法」（cementation）這個被認為具有開創性的技術。此工法是利用遺傳子工學所處理的超級細菌，將砂土本身的各種性質構造物的形態抽取出來利用，使之將個別建物連結成一體。由於建

17／Brian Stableford & David Langford, ***The Third Millennium: A History of the World, AD 2000-3000***, 1985.

築物在地中生根，因此會吸取水分供給內部利用；另外，所有必要的環境設備，建築物本身皆已具備。廿一世紀後半，除了建築外，道路、橋梁、運河等都廣泛地使用這種手法。

如同生物般的建築物這樣的概念，在神林長平的《過負荷都市》（一九八八）的寓言式科幻小說中就已經出現。

裡頭出現的超高層住宅有大約一千樓的高度，但實際樓層數並不清楚；因為它會持續每年成長、增加高度。建築物從地面生長後就不斷延伸，屋頂則風化、碎散破敗。故事中，住在廿一樓的主角這麼說：「再過半年之後，就變成住在廿二樓了」。

更鮮明地描繪生物化都市的還有阿拉斯泰爾·雷諾的《深淵之城》[18]。《深淵之城》是位於巨大隕石坑的某個深淵處，被測地線巨蛋覆蓋的都市。其內部有著超高層大廈群建立起來的壯麗景觀。建物透過奈米技術可以自動修復損傷，也能夠根據居民們的

18/ Alastair Reynolds, *Chasm City*, 2001.

希望來進行轉變的機能。但因為某種謎樣的病毒，致使「融合疫」爆發，巨蛋內的建物群馬上失去控制且紛紛變形；裡面的住民不是被壓倒、就是是被牆壁吞食，形成相當恐怖的畫面。

變形大廈的姿態令人震驚。

有從中間分裂成兩邊、也有持續肥大的醜陋建物；也有無限增生自體的縮小複製品，有著尖銳角度的小塔群就宛如童話故事中被施加魔法的城市。

再往上走的話，分裂的頻度益發增加。相互連通、自行結合，完全呈現出如同氣管末端那種令人毛骨悚然的腦珊瑚一般的樣態。最後，分裂又再融合，形成一個水平的台面。

如同叢林一般的建物內部住著倖存下來的人們。公寓內就像是大型的人體模型內臟，牆壁、床都軟綿綿地如同波浪般彎曲。

這是奈米科技暴走所導致產生的、如夢魘一般的城市。這描繪的也是未來都市的破滅。但葛瑞格・林（Greg Lynn）、NOX、ASYMPTOTE 等九〇年代以後出現的一批尋找流動建築形態的建築家們，他們的作品意象與《深淵之城》有著驚人的相似處。被稱之為非標準建築系的他們脫離了建築家的藩籬，構想著著建築與都市的自動生成功能，在這層意義上，自身變形的《深淵之城》在與非標準建築系建築家們所追求的目標非常相近。

因此也可以說，《深淵之城》也是一種另類的描繪新未來都市建設的科幻作品。

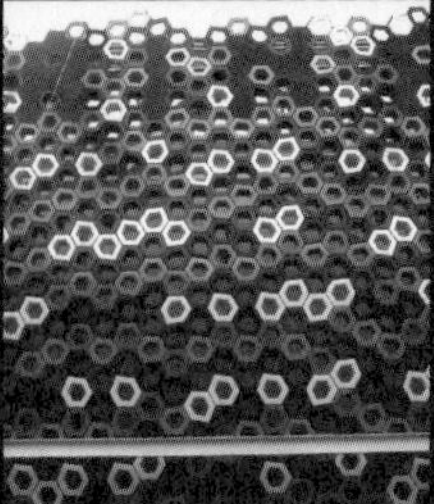

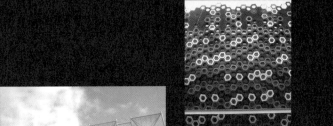

9

五十嵐太郎

二十一世紀視角與愛知萬國博覽會

9-1 未來城市會消失嗎？

愛知與大阪之間

二〇〇五年的「愛．地球」博覽會（見圖錄P.312）是進入廿一世紀之後的第一個萬國博覽會，對日本來說則是睽違了三十五年之久後再度舉辦的萬博。

大阪萬博是奠基在科技進步的前提上，提出對未來社會的想像，並因此創下史上最高的入場人數；這與梅棹忠夫與小松左京提出的日本政府館基本理念有著密切相關。在「日本萬國博覽會政府館構想案」（通商產業省企業局萬國博準備室，一九六七年十一月）中，揭示了下述的基本方針：

作為展出的「縱向之流」的，是描繪從過去到廿一世紀為止的夢想，一邊縱觀日本歷史，同時強調「進步」的進程；而「橫向之波」則將焦點放置在吸收東、西洋文化並加以消化的日本之姿，明確地描述出「調合」這個理念。整體的主題則根據「人類的進步與調合」，高格調且立體地說明展出內容。所謂的萬博，通常是將世界這個空間母體化，然而日本館則是從「過去—現在—未來」這個直線性的近代化時間軸線上，展示出其發展。

通產省所製作的「關於國際科學技術博覽會中政府參展事業之進程」的基本方針中提到，日本與科學技術之間深切關聯的展示，必須「針對一般國民，特別是青少年，敦促其獲取關於科學技術的正確知識」；因此，大阪萬博與一九八五年筑波科學博覽會相比，讓人感受到更大的故事脈絡。而在曾經作為夢想之未來的廿一世紀開辦的愛知萬國博覽會，則是以「自然的睿智」這樣的主題，追尋以循環型社會[1]為典範的未來。

1／

循環型社會意指在資源有限的情況下，採用將資源做有效利用以及再生產的永續模式之社會。

在這裡，我們試著透過與大阪萬博的比較，重新思考愛知萬博的意義。在愛知萬博的開幕儀式中，最受到矚目的是有著優雅動作的小型機器人表演。而在大阪萬博的開幕式中，儘管同樣也有機器人Deme與Deku活躍在祭典廣場上，但卻有著宛如會動的建築一般的巨大尺度，同時還連接著電纜線。這兩個巨大機器人是由磯崎新所設計，他以自己所喜愛的球形、長方體等幾何學造型組合而成。相較下，愛知博覽會中則有著小型化科技的趨勢。

丹下健三以未來都市為雛形設計大阪萬博的會場計畫，擁有明快的中心軸線以及階序構造。相對於此，愛知萬博則是根據全球環道（global loop）這種迴游式的人造大地來環繞會場作為主要形式。並且，因為環境問題的爭議，作為主體的長久手會場、僅剩如尾骶骨一般的瀨戶會場，或是如主題公園一般的笹島會場，都一一分散開來。而就在愛知萬博舉行前夕，丹下以九十一歲高齡過世，也讓人感覺到大時代正在改變的氣氛。以筆者個人來說，參觀完愛知萬博的預覽會後，因為缺少像是大阪萬博裡的祭典廣場或是太陽塔這種象徵性物件讓人感覺略有不足之外，又突如其來地得知丹下這位擅長紀念碑式建築、堪稱建築界象徵人物過世的消息，不由得感到兩件事之間不可思議的呼應性。

展館方面又是如何呢？整體來說，前衛建築家與藝術家的角色比例減少了。在大阪萬博的公式導覽網站中，所有展館的設計者都清楚明列，然而愛知萬博中卻完全沒有刊載設計者個人的任何資訊，幾乎都是由廣告代理商主導的企畫；當代藝術家們也幾乎沒有人參加。也就是說，要採訪愛知萬博的時候，就算跟萬博的公關部門詢問展館的設計者，也只會得到「是某某廣告代理公司」這樣的答案。這是令人感受到建築家在這場萬博中地位之低下的一個事例。

大阪萬博的政府參展懇談會的廿名構成員（發起當時），包含了漫畫家手塚治虫、作家川端康成、畫家林武、建築家村野藤吾、電影導演円谷英二、歌手坂本九、女星吉永小百合等，有相當多創作者參與其中；而愛知萬博的構成人員雖然在人數上與大阪萬博時相同，但除了愛知當地的陶藝家加藤紳也之外，幾乎全數由學者或相關企業的人所組成。

一九八五年的筑波科學博覽會中，就已經可以看見建築家的重要性弱化的問題，並且特別值得一提的是，當時展示館非常稀少：廿八間企業展館中就有廿二間是由廣告代理商所製作，這種作法也成為日本各地開辦的地方博覽會的基本布局。因此，八〇年代、九〇年代的地方博覽會所累積起來那種由活動公司製作的簡便系統，可以說是被愛知萬博所吸收了。

大阪萬博時，創作者的反博運動相當旺盛；但在愛知萬博的情況則是，只有由策展人渡邊真也所企畫的「另一個萬博會場」展覽[2]，這是一個批判國家國民制度的反萬博美術展；以及利用愛知縣的どんぐり（Donguri）廣場作為會場的名古屋建築會議。[3]在愛知萬博中，也沒有發生如大阪萬博時期佔據太陽之塔的「劫眼男事

2 ／

渡邊真也所策畫的展覽全名為「另一個萬博——朝向民族國家的彼方（もう一つの万博 - ネーション・ステートの彼方へ）」，會場包含紐約與日本。這是以構成萬博的「民族國家」這個單位為主題進行策畫，匯集包含來自舊南斯拉夫等地的藝術家的展覽，並選於 2005 年 8 月 15 日、日本終戰六十周年的紀念日開幕。

3 ／

這一場名古屋建築會議（NAC：Nagoya Architectural Conference）是在中部國際空港啟用與愛知萬博籌備的 2002 年冬天，以大型企畫案為話題、展開對名古屋建築狀況的提問之會議，與會人員包括建築家、批評家、研究者、藝術家、學生等。

件」[4]，當然，並沒有設置讓人馬上浮現「應該佔據」之念頭的「眼珠」設施這點，就是愛知萬博的重要特徵也說不定。

作為世界表象的會場計畫

萬博是將世界具體表現出來的空間。在還只有一個主展場的時代，分類的思維會被明快地突顯出來。倫敦萬博（一八五一）的水晶宮（Crystal Palace）是以地理位置來決定參展國家的區域畫分；一八五五年的巴黎萬博則是根據百科全書的分類將展示品分為七大類。而一八六七年的巴黎萬博，將巨大的橢圓空間依照國家別切分成圓餅圖，同樣種類的展示品則以同心圓進行帶狀配置。有趣的是，連大會場場外的小設施都是以延長的圓餅圖表來標示各國區域。也就是說，在萬博空間中，國家與展示品整體是透過幾何學以及合理的配列來規定。一八七八年的巴黎萬博也是在矩形的會場中，以帶狀並列來配置各國的展示，而國家的重要性就根據所佔比例幅度來判斷。

4／
在 1970 年 4 月 26 日的大阪萬博期間發生的「劫眼男」（日文為「目玉男」，目玉為眼珠之意）事件。一名男子頭上戴著寫了「赤軍」的紅色安全帽，爬上太陽之塔金色面具中的右眼，對圍觀的群眾發表了「打倒萬博會」的演說，並佔據該處高達一百五十九個小時。後來一般稱此事件為「大阪萬博劫眼（eyejacker）事件」。

但，萬博不斷膨脹的結果，是即使再巨大的建築也無法將各國的展示全部收容進來，因此逐漸演化成個別建立展館的分散形式。而且，因為多數設施都是計畫性地加以配置，因此也會與都市開發手法聯繫起來。丹下健三就如此說明大阪萬博計畫的特徵：

> 由於會場中包含管線配置等各種設置，也都將會成為以後都市的基礎設施，因此這個萬博會場就利用這些基礎設施來建立新的未來都市，我個人非常期待未來會如何發展。[5]

他不僅全面性地看見了整株樹木，並且決定了根幹與枝芽系統，而各個展館就像是綻開的花朵。其結果，從各國與企業所設置的那些充滿個性的展館外觀上就可以清楚看見。

愛知博覽會的最大建造物是達二點六公里的全球環道；繞著這個環道一整圈，恰好就是繞世界一周，也展示出無中心的現代性世

5／

丹下健三，「萬國博的計畫與未來都市」，《建築文化》，1970 年 4 月號。

界觀。大阪萬博有祭典廣場作為焦點入口，也有作為象徵的軸線；而愛知萬博則沒有這樣的設置，而是在迴路所串接成的全球共同展館區中，各外國館採以矩形的模矩，也就是使用十八公尺×十八公尺×九公尺的空間單位來設計展館。這些展館比較像是有看板的倉庫，而沒有作為建築的獨特性。

當然，由亞歷山卓．札拉．保羅（Alejandro Zaera Polo）設計了外牆的的西班牙館是唯一的例外（見圖錄 P.313）。他以瀨戶的由來為構想，設計出以六角形陶製單元進行幾何式的組裝，這並非是同一單位的反覆，而是如同非標準建築一樣，使用了各種各樣歪斜的、六種不同種類的六角型。

雖然如此，全球共同展館區的背景設計方式，對降低成本來說十分有效。取消展館個別立體造型表現、以同樣單位空間分配的手法，與萬博過去的系統非常相似。如果說，十九世紀的萬博是幾何學式的庭園配置，那麼愛知萬博就是近於風景式的庭園。從萬博會場站的北門這個主要入口進入的話，最初看到的並不是國家相關的展館、而是企業展館區；與奧運會不同，萬博讓人感覺到這並非是國家與國家之間的競爭場所。曾經成功主導建立萬博系統的巴黎，曾計畫在革命兩百周年的一九八九年舉辦巴黎萬博，最終卻宣告中止。

世界主義建築家吉阪隆正為了消除國家利己主義，認為萬博、聯合國等活動應該在海上的移動會場舉辦；而愛知萬博會場中，如山路般來回環繞的迴路，或許就已經以不同形態讓人稍稍窺見了這種精神。

政治正確建築

萬國博覽會是建築的實驗場，也是近代建築誕生的場所。

如果我們回顧歷史，鐵的機械館[6]、雙曲拋物面造型的飛利浦館[7]、

6 1889 年巴黎萬博中由法國建築師 Ferdinand Dutert 與 Victor Contamin 共同設計的機械館。

7 此指 1958 年布魯塞爾萬博時由柯比意與澤納基斯（Lannis Xanakis）所設計的飛利浦展館。

有空氣膜構造的富士展館等[8]，都是從假設而來的構造或素材實驗；也就是說，萬博是更新建築的最好機會。水晶宮或艾菲爾鐵塔等，在當時都沒有被認為是正統的「建築」，但今日這些作品如今也都加入了近代建築史的教科書中。不過，未來科技的先端已經開始朝向電腦、遺傳因子操作等這類無法以肉眼辨識的領域，因此大阪萬博或許是以建築表現未來烏托邦的最後舞台也說不定。在大阪萬博中，技術實驗與外觀的表現緊密相連，然而愛知萬博中卻少有這樣醒目的設計。

愛知萬博上好不容易生產出來的「跳舞指南鐵塔」，是由太空站上所使用的先端科技與愛知的傳統機械裝置技術相融和而成，使得鐵塔能像關節一樣自由活動。另外，栗生總合計畫事務所的BIOLUNG[9]則是有著長達一百五十公尺、高十五公尺的巨大綠牆面，直接表現出「自然的睿智」這個主題：以生物的力量來作為都市肺機能，緩和夏天的熱島效應，並加速二氧化炭的吸收等積極減低環境負荷的做法。

8／
為 1970 年大阪萬博時的富士展館（Fuji Group Pavilion），由建築家村田豊與結構工程師川口衛設計完成。

9／
由意味著生物的「BIO」與肺「LUNG」的組合字

愛知萬博中多數的展館都於會期後回收再利用，如建築上部做為小學建築素材再利用的瀨戶愛知縣館，以及以再生紙和摩擦結合施工法、使用輕量鐵骨材料的MIKAKUMI[10]與大林組合作所設計的TOYOTA GROUP館等（見圖錄P.314），都倡導了素材的可回收性，或許也能說明我們對環境與時代的責任。即使有些素材還沒決定回收後如何使用，但先說明素材的可利用性是相當重要的；也就是說，比起那些外觀壯麗或充滿表演性質的構造，相對來說是政治上比較正確的建築。

當然，與環境相關的主題很難透過視覺性的設計感來推廣，因此也不得不先使用說明的方式來推廣；一般人也很難透過先進的設計來參與其中。而關於可回收的部分，如果不加以說明，一般入場的參觀者就幾乎不會察覺。總之，這個萬博要說是完成品，其實更重視過程，就如同每二十年就必須遷宮改建的伊勢神宮正是以其蒐集古木素材的方法成為成功獲取評價的關鍵點。也就是說，因為預先知道萬博會期結束後會成為再生建築，因此反推回

10

みかんぐみ（英文為MIKAKUMI）是由日本建築師加茂紀和子、曽我部昌史、竹內昌義，以及法國建築師Manuel TARDITS所組成的建築工作團隊。

去在萬博中以相同的素材建造展館，若有這樣的安排，或許就能有更強的說服力。

再者，愛知萬博設施的特徵，像是以工地現場使用的單管來構築、由大江匡設計的三井東芝館這種透過大量百葉窗來表現的極簡風格相當多，這也反映了九〇年代以來建築界的流行。

這是不強烈主張形態強度的設計方式。進入廿一世紀後，像是舊式的萬博展館那樣的建築反而在表參道、銀座相繼出現，像是 PRADA 或 TOD's 等這些精品名牌的旗艦建築，它們的目的並不在追求永續性，而是單傳就視覺上進行實驗性的構造。

順帶一提，當時海洋堂也企畫、發售了固力果食玩系列的「大阪萬博篇」[11]，裡面包括有祭典廣場、日立館、富士館、蘇聯館等都做成食玩產品，雖然在此前也已經做過「世界遺產系列」，但是以現代建築來作成食玩則是第一次；這種將建築角色化的作

11／
原名為「タイムスリップグリコ〈大阪万博編〉」，於 2005 年 2 月在近畿、中部地區販售。

法，也讓許多人留下了懷念的記憶。

我認為愛知萬博中最具可能性的兩種建築是，被竹子覆蓋、如同一個巨型繭一般的長久手日本館（讓建造物整體成為環境技術的實驗場），以及吉卜力工作室的電影《龍貓》（一九八八年上映）中出現、由和屋與洋房合體的「皋月與小梅的家」[12]。當然原本後者的懷舊印象就很強烈，而且也並不是萬博的原創物。

可惜的是，對於建築相關人士來說，愛知萬博中缺乏了那種非看不可的獨特建物。而在萬博前一年剛完工，由SANAA所設計的金沢21世紀美術館（二〇〇四）反而成為建築迷的必定參拜的巡禮之地。也就是說，愛知萬博錯失了隔了相當時間才好不容易得到的一次展示國家面貌的機會。

12

在愛知萬博的森林區中，重現了吉卜力工作室動畫電影「龍貓」的場景，也就是小梅與皋月所住的家。

9-2 另一種萬國博覽會

戰爭與萬博

我注意到戰爭與萬博之間的共通點，可以說是接受愛知萬博的委託工作時。

當時的通產省完成日本政府館的基本理念時，挑選了包含河合隼雄[13]、川勝平太[14]等有識者共二十人作為委員；筆者的任務是尋訪全體委員進行訪問、統合眾人的意見來構成基本理念原型的草案。期間，在調查大阪萬博時，發現當時啟用了為數眾多的建築家與藝術家，也感受到以各媒體的相爭報導導致國民總動員般的狂熱感受。這與在被全方位批判下進行的愛知萬博是截然不同的景況。也就是說，大阪萬博雖然是在戰後舉行的，卻讓人感受到

13 河合隼雄（1928～2007），日本知名心理學者，日本第一位取得榮格心理分析師資格者，也是將箱庭療法（Sandplay Therapy，亦有翻成沙遊療法）引入日本者的人；曾任日本文化廳廳長。

14 川勝平太（1948─），日本比較經濟史學者，曾任靜岡縣知事。曾著《富國有德論》，提出「富國有德」之概念。

宛如戰前般的高昂氣氛。

不對，或許應該說，這是一場作為戰爭替代品的萬博；為了忘卻自身的敗戰經驗，日本不得不讓大阪萬博獲得絕對的成功。原本為了慶祝皇紀兩千六百年、在一九四〇年預定舉辦的「幻之日本萬博」與奧林匹克運動會，都因為全力投入戰爭而取消；其中原本於一九三五年計畫的日本萬博，也是因中日戰爭的影響延期到一九四〇年。[15]原先也有預計以青山到代代木的區塊作為會場、於一九一二年開辦的日本大博覽會計畫，但也因日俄戰爭後的經濟衰退而取消。戰爭不斷地促使萬國博覽會計畫中止。紀念法西斯革命廿周年的一九四二年義大利萬博，也同樣是因為二次大戰日益激烈而告終——甚至也導致一九四四年的倫敦奧運落入無法開辦的命運。

大阪萬博不正是因戰爭而中斷的那場萬博計畫之實現嗎？根據憲法而放棄戰爭權利的日本為一九七〇年的大阪萬博傾注了全部精

15／

萬國博覽會的舉辦並未設置間隔年限，申辦國申辦時間不得早於開幕前九年，只需向國際展覽局申請，提出舉辦時間與主題內容，由成員國大會表決通過即可舉辦。1940 年預定舉辦的日本萬博主題為「紀念皇紀兩千六百年日本萬國博覽會」，於東京月島四號人工填埋地（現在的晴海）舉辦。然而因為中日戰爭爆發後，各國對日本軍部的反對因而參加國大減。後於 1938 年取消。

力，正是希望藉此提出從敗戰中復興、朝向光輝未來社會的宣告。

原本萬博就是替代國家戰爭的空間：如一九三七年的巴黎萬博中，蘇聯館和德意志館的相互對峙；或者如一九二五年的裝飾藝術（Art Déco）博覽會[16]也是原本預定於一九一四年舉行，但因為一次世界大戰開戰而延期。另外，從一八五一年的倫敦萬博開始，在萬博會場上也經常展示出大砲、潛水艦、兵器等軍事武器。

椹木野衣在《戰爭與萬博》[17]一書中，從藝術的觀點論述了兩者之間的關係。他指出，當時的輿論發言也與戰爭相當類似；例如，《SD》雜誌一九七〇年八月號的特集「速成城市（Instant city）的幻想與現實」中，舞蹈評論家市川雅將希特勒與收音機、萬博與電視的傳播關係結合起來，指出「如果萬博可以有三千萬人參加，那就像是把透過全部的大眾傳播媒體串結起來發動國民動員令；如果這樣的話，宛如大東亞共榮圈復活那樣的事也就不難了」。

16 1925年在法國巴黎舉辦的「國際裝飾藝術與現代工藝博覽會」。

17 原書名為《戦争と万博》，美術出版社，2005。

因此相反過來，愛知萬博就可以說是一場真正意義上的戰後首次萬國博覽會。國家意志弱化，受到媒體極度的攻擊，會場計畫也不斷變更等持續迷走。而在開幕前也完全感受不到舉辦當地興高采烈的氣氛。即使有反對博覽會的聲浪，也因為博覽會本身太過薄弱，也不看見其與之抗辯的意圖。當時伊拉克戰爭剛開始，日本也捲入其中；由於忙於實際上的戰爭，那麼對於作為代理戰爭的萬博也就不可能全力以赴。主辦國、參加國都無法「和平」的話，萬博是無論如何也無法熱鬧開場的。因此，與其發起戰爭不如開辦萬博吧！——或許應該思考這種諷刺式的訴求。

愛知萬博所失去的視角

也許打從一開始，愛知博覽會就是在苦戰的氣氛下開辦的。

基本來說，萬博向來就必須與都市的整備緊密連結。例如，從十九世紀後半到廿世紀前半開辦了數次的巴黎萬博，留下了沿著塞納河的夏佑宮（Palais de Chaillot）以及大皇宮（Grand Palais）。一九四二年的羅馬萬博雖然被迫中止，但還是完成了郊外計畫都市EUR的整備。國際科學技術博覽會也與筑波研究學園都市的計畫相互連動。也因此，當愛知博覽會高揭「自然的睿智」作為整體基本理念，某種程度上就已經伴隨著對萬國博覽會這種都市性格的自我否定。實際上，這個理念的提倡者中沢新一似乎就是否定過去以來的各種萬國博覽會；這是一場對萬博進行自我批判的萬博，或許是一種無謀的嘗試，但也因為這個這樣反而展開了其開辦的價值。

當初，中沢以建築家的身分推薦了竹山聖、隈研吾、團紀彥三人，他們於一九九六年帶來各自的草稿，開始了團紀彥那種將道路與建築一體化的生態都市（Eco-city）案為主軸的會場計畫[18]。意即，為了減低自然的負荷，沿著已經決定建設的道路建造高密度集約型建築，並且將海上森林的建造面積限制在百分之十以下，這樣具有挑戰性的計畫。雖然這也是日本政府申請萬博時所提出

18 團紀彥，「私と万博会場計画」《C&D》一二三號，2000。

的計畫案，但開辦國決定是日本後，卻以新住宅市街地開發事業優先，捨棄了原先的提案。

團紀彥在「企畫調整會議」中，提到自己作為「會場計畫案小組」成員之一、提出了會場計畫案，然而萬博協會的建設系官僚在提案之初就馬上進行了批判；因此他也表明：「原本希望透過萬博來喚醒過去日本開發系統的原初熱情，然而不僅這個原點消失殆盡，現在的萬博會場計畫根本就是為了保留過去那種土木先行的制度，所做出來像是『盾』一樣被利用的東西。」（《朝日新聞》一九九九年九月廿六日）。之後，博覽會國際事務局（BIE）也到現場進行探訪，對於新住宅市街開發事業「只是利用國際博覽會來進行土地開發事業」，也出現了「令人不快！將博覽會與新住宅開發計畫相聯繫，為了該計畫，遭受到了來自國際事務局、甚至於國際博覽會的批判」這樣的新聞。（《朝日新聞》二〇〇〇年一月廿日）。

因為這些新聞，加上在會場發現了瀕臨絕種的蒼鷹所築的巢[19]，迫使愛知萬博不得不變更其計畫。官僚和民意也被扭曲得亂七八糟，這便是「戰後最初」狀態的萬博。一九九七年，隈研吾成為會場計畫的主持人，提出了將TOPOS型[20]（順應自然地形的傾斜所建造的設施）與領域型（使用GPS或電子護目鏡走出屋外）的空間分散於森林當中——這是因為意識到若是做出宛如大阪萬博那樣物件性的建築物就會遭受到批判，而產生的計畫。然而，就在生態學問題的爭議中，隈研吾也從舞台上退場了；他表示「現在的萬博，與其說是屬於國家的計畫，不如說已經成為社會所挾持的『不知名物』了。」（《A》六號，二〇〇〇年）。程度上來說，從岡本太郎的太陽之塔到藤井フミヤ所監製的大地之塔，可以看見萬博已經變成「與其追求現代藝術的革新性，不如說追求的是藝人的知名度」了。

這期間，團紀彥受到環境保護團體之託，以不改變會場的基本性能為前提，製作了不需要平整修填的試案，但卻完全無法被接

19

1999年5月，在愛知萬博會場的「海上之森」預定地中，發現了僅存千隻、瀕臨絕種的蒼鷹巢。後來，靠近蒼鷹巢所在的海上之森會場也因此縮減面積。

20

TOPOS，為希臘文中的「場所」之意。

受；最初負責這個計畫的通產省負責人也已經更換，變成沒有負責人的狀態，「自然的睿智」這崇高的理念也完全崩解了，成為毫無任務的萬博。然而，將這個理念以原理主義來實行，才是愛知萬博的歷史意義不是嗎？

結果，參加了卅五年前大阪萬博的建築師菊竹清訓成了總負責人，不只沒有與年輕世代相交替，也啟用了幾乎與當初一模一樣的建築家。透過環繞會場的全球環道，出現了菊竹一直以來所追求的人工地盤。這也並未賦予他實現朝向沒落未來之視點的機會，因為他在大阪萬博所建造的萬博塔原本應該是更巨大的建物，但在愛知博覽會中也並沒有出現。

若是如此，乾脆將錯就錯地追隨次文化的想像力，再現出大阪萬博的展館如何？曾經經歷過大阪萬博的世代，可能會因為充滿懷舊感、再次踏入愛知萬博的現場；而不知道大阪萬博的世代，則反而可能因為新鮮感而受到吸引——也因此，表現出了一個沒有進化的日本。若考慮到愛知萬博在展館話題性上的缺乏，或許這種做法還更有招攬來客的強力效益。只是這種有勇無謀的伎倆只能使出一次並就此打住，因為，這將會不得不成為名副其實的「再會了萬博」活動。

9-3 內爆的未來都市

調和與競爭

大阪萬博雖然可以看作是環繞著科技與都市計畫的六〇年代建築願景之集大成，但因為還是距離現在相當近的過去，因此還無法在建築史上將之明確定位。雖然也確實成為了前衛實驗場，但是將蓋子掀開後，卻也不過是相當俗氣的大眾場所，現存設施的數量稀少也是原因之一。當時，佐佐木隆文就批判了這樣的現象，甚至將大阪萬博稱為「虛構之街」。「萬國博覽會存在於現實的那種恐怖，以及在我之中膨脹開來的那種敵托邦傾向的快感，在萬博期間的幾個月裡都持續著」[21]。以下是更完整的描述：

> EXPO'70中滿是一個又一個以吸引眾人目光之慾望而膨

21／「ディトピアとしての万国博を通り抜ける」，《新建築》一九七〇年五月號）

大起來的造型、珍奇結構、樣式與色彩；也有像蘇聯館那樣——與美國普普風格完全不同地——將國旗露骨地高高懸掛於正門的展館。……這些是與死無緣的敵托邦，是無論如何都要背負著生本身的敵托邦；是與瓦斯爆炸的災害、公害、交通事故、都市犯罪等，與這些等值的現世快樂與完全相反的敵托邦。連死亡的氣味都沒有、滿溢著生之氣息的敵托邦。

（佐佐木隆文＋首藤尚丈，〈建築邁向概念的解體〉《近代建築》一九七〇年八月號）

相對於死之戰場，這是生之萬博。驚人的能量不斷地持續捲入；萬博的官方紀錄片中可以看見，祭典廣場上每天舉辦大型「祭典」，並且集合了所有能想見的東西，即使沒有跨出國門、在這裡也能感受到宛如置身世界各地的氣氛。丹下健三將整個會場計畫看作是樹木，決定了根幹與枝節的系統後，就讓各展示館自由地開出各自美麗的花朵。因此，百花繚繞的風景便立刻呈現在人們的眼前；無從控制的展示館並非是井然有序的未來都市，而恰恰預言了後現代的騷亂與無秩序。

認為「大阪萬博中無秩序的展示館是國家、企業之間的競爭場，而非世界調和」的這種批判為數眾多。例如，李查茲（J. M. Richards）對企業館數量龐大且到處都是引人注目的設計，以及欠缺一致的造型等都表示了不滿，認為「所謂萬國博覽會這個傳統概念，時至今日是否仍然妥當，現在不正是應該提出全面檢討的時期嗎？」[22]他並提議祭典廣場上作為「真正實驗」的「偉大的大屋頂結構建築」應該要擴張至整個會場，「無論是來自各國政府、或是由企業出品，各個展館都應該在大屋頂下全數整齊排列。」這種想法所期望的，或許是回歸到如同水晶宮時期那種初期萬博的展示手法，也就是所謂的秩序空間。

22/
出處：「日本万国博」，《日本万国博：建築・造形》恆文社，一九七一。

對大阪萬博的歸納

戰爭與萬博，都意圖計畫著大量的群眾動員。戰爭揭露了科技的負面性格，而萬博則是將之隱蔽，也因此呈現出一種完全的明朗。既沒有像 Superstudio 那樣的技術虛無主義；原本使人感到自由的空氣膜建築的概念，也被指出與一九六八年的五月革命之精神有連通之處，然而當大阪萬博的展館真正一一完成後，那股作為反抗的象徵性卻全然消散了。

但，大阪萬博的計畫與現代科技的結合真能有效運作嗎？超出預先設想人數的大量的參觀者到處引出了各種破綻。例如，五十台的閉路電視與電腦的使用狀況頻傳，必須等上四個小時的美國館，也紛紛出現各種狀況。會場中不斷有迷路的情形、才開幕一天廁所就已經堵塞、空中餐廳停止營業、蘇聯館的階梯被踩滿爛泥。祭典廣場上世界警察的遊行隊伍盛裝行進著，卻有如諷刺一般地產生了如此多的失序混雜狀況。也就是說，作為未來都市雛型的萬博會場，雖然預言了廿一世紀的樣貌，但完全失敗的會場控制也預示了未來的無可預測。

建築史家村松貞次郎延續了對萬博的諷刺。[23]他認為「這個未來都市，其實是為了要試驗如何被群眾徹底地蹂躪」，並且「不成熟的電腦烏托邦（computopia）被慘不忍睹地粉碎殆盡」；但這麼一來，也可以說這場萬博作為「反面計畫」，是成功的。他在萬博所目擊到的是，「這個名為情報社會的時代，對頌揚著通信、控制與預測技術、華麗登場的EXPO'70產生了來自人們的壓倒性拒斥反應，其中也含有對電腦的嘲笑、以及檢視匯聚著科學與技術精髓之裝備或設備的嚴苛態度，以及針對人類破壞力量的測試。」

這個說法使人想起布希亞對法國龐畢度中心的批判[24]：他認為那是一種透過文化來馴服大眾的計畫。龐畢度是「使管理達至社會主義化的未來式模型」，以及「肉體、社會生活各自散亂存在的

23 「EXPO'70の歷史的意義」，《新建築》一九七〇年五月號）。

24 出處：「ボーブール効果」，《シミュラークルとシミュレーション》，一九八一，竹原あき子，法政大学出版局。

所有機能，在均質的時＝空間進行再統合，將所有矛盾的支流都轉化為集積回路的關係」。根據布希亞的說法，就算把龐畢度燒成灰、抗議也是無用的，最好的方法是民眾們蜂湧到龐畢度，才是破壞的最佳方式——超過三萬人的話，就能用民眾的重量將建築物壓垮。因此，用新式革命話語來說的話，便是「打倒龐畢度」。「以全體達到飽合狀態而在內部引發的暴力」，就是打開了邁向「內爆」之路。

村松表示人們「就像踩死蟲子般地，踩死了有著小聰明的計畫者們」，「如同神話的須佐之男尊（susanowo）這般極端地暴力」。但卻將之正面地解釋為人類的解放。「被商業主義所玩弄而鬼哭神嚎的人們遍地皆是。EXPO'70是最好的復仇機會。將心中多年的鬱悶解放、釋放、崩解、重擊，……許多帶著小聰明的裝置都崩壞，展示著至昨日為止的媚態，並嘲笑著我們的工業製品，大部分都被踩碎在我們的腳下之時，我們迎接了EXPO'70的閉幕，而這個光輝的成果以廢墟的姿態被證實了。」

因為這個空前的成功，而導致之後的萬博受到了詛咒。以帶來龐大利益的動員成為理所當然的前提，因此，相較於內容上的冒險更偏好於安全的重覆。日本的博覽會為自己判了絞刑，直至其疲弊為止地不斷反覆、最後邁向自殺之途。最終於一九九五年由於民意發動使得世界都市博覽會宣告中止——而愛知博覽會曾是能夠根本性地改變這個系統而再發起的機會。

村松在一九七〇年最後，提出「為什麼不能改變萬博形態」的批判。為了萬博，市鎮、工廠、神社、田園等都可以成為會場；也就是說，不論何處都可以是萬博。確實，現在即使不在這裡將世界展示在眼前，我們也已經可以輕鬆地出國、直接親臨現場。同時，只要有手機或電腦，我們就生存在未來的社會中。這麼一來，「只能在萬博中看見」的事物減少了，相對地，前往萬博現場的必然性也漸漸消失。

大阪萬博或許在一開幕時，就已經開始走向自我破壞的道路。

9-4 失敗於其未失敗的萬博

結果，愛知萬博的會場，包括開幕前的參觀，我總共前往造訪了六次。

最初是在二〇〇〇年時參觀了作為會場預定地的瀨戶市海上森林。儘管當時保護自然環境的呼聲相當高漲，不過這個海上森林，只是透過人造再生的普通山林而已。之後，主要會場變更至旁邊長久手的青年公園，也使愛知萬博也獲得了以下的意義：如果說大阪萬博是透過總動員體制這種將國家與國民的一體化運動，帶來如同戰時那種狂熱情緒的話，那麼愛知萬博就是通過輿論與民主主義促使計畫變更的「戰後最初」的萬博。

第二次與第三次參觀萬博，則是在二〇〇五年初，為了現場取材而造訪。我仍然記得當時對展館形態的不滿；造型完全不前衛、廣告代理商大幅度增加，與其說崇高的理念，不如說只是提供給大眾一種適度的夢想，已經與收視率世界完全同化。在誰也可以輕易地飛上天空展開旅行、透過網路盡情在資訊大海中翱遊的時代裡，要讓萬博成為不得不去朝拜的聖地，已經相當困難了。另一方面，因為奧運只要透過電視轉播，就可以即時同步觀戰，而且馬上能知道代表選手的勝敗，因此成了新的國家節慶——因為觀眾能夠感受到這是來自世界的現場轉播，同時主場館的設計也都維持了一定的水準。相對來說，萬博的會期因為長達半年之久，不僅沒有能夠現場轉播的決定性瞬間的這種特殊鏡頭，同時也缺乏影像的力度。

第四次造訪則是開辦之前的公開日。被招待入場的當地居民在現場形成大混亂，也讓人開始有「可能會聚集比意想中更多的人群」的預感。第五次則是在會期進行中，雖然是星期一的早上，但仍然有超乎想像的人潮。一旦開幕以後，最有趣的地方就是交換各種外國館究竟如何的情報；無論如何，大阪萬博都讓人覺得更有趣，也更是日本全國性的共通話題。在二〇〇五年時，東海圈以外的地區對愛知萬博並不熱烈，對這場萬博的認知也感覺不到是一場國家盛事。由於在地的人反覆去得太多，使得這場萬博更接近大型的地方博覽會。

名古屋車站附近的笹島會場雖然說是協力單位，但其展出的口袋怪獸公園（POCKET MONSTERS・Park）、星際大戰（Star Wars）展，還有八〇年代的DISCO再現等，支離破碎的企畫並列著，不但不能支持萬博、反而使其格局變小了。

第六次造訪則是在八月。這時，入場參觀人次已經達到了原本預定的目標，因此可以視這場萬博為確實的成功。然而原本由中沢新一所揭示的基本理念「自然的睿智」，並非只是愛護地球或恢復環境這類似求而已，而是必須建立人類與自然之間更具動態的相互關係。萬博開始於十九世紀，推進了近代技術與都市開發，但發展到了一個程度後卻喪失了其歷史意義。萬博這種奇觀空間（spectacle space）的系統於廿世紀仍能發揮作用，但隨著法國拒絕繼續開辦萬博、美國迪士尼樂園登場，廿世紀後半就進入了主題樂園的時代。而大阪萬博的成功，必須歸諸於日本的特殊情況。在世界史的意義上來說，「日本已經不需要萬博了」的這種批判，是正確的。

但，如果要在廿一世紀重覆萬博的話，為了發展其嶄新的意義，就必須在普通的村里山林這種未曾出現的基地上，以完全不同的姿態出現才有可能性。或者，雖然只是隨意猜想，但若是為了災後復興活動而利用萬博等或許也未嘗不可。縱觀至今的萬博，海上森林是極為獨特的設定。另外，也不是在嶄新的土地上，透過各種未來技術展現新建築登場這種做法。因此可以說，愛知萬博是一次能夠刷新既有手法的大好機會。

也就是說，自我批判的萬博或許是可能的。但，正因為沒有選擇這條道路，而導致愛知萬博的徹底失敗。不，這正是一個能在萬博歷史上以慘敗留名的大好機會。若是如此這將是使萬博告終，進行根本性徹底性改革的契機。然而，由於預先將入場者人數的目標人數向下修正，使得愛知萬博被判定為極度成功。結果，這仍然是一場無法重新檢討萬博存在的意義，宛如行屍走肉一樣半調子苟活著。

愛知萬博正是失敗於其未失敗，是一個使得變革機會溜走的萬國博覽會。

結語／磯達雄

在序當中提到的上海世博的部分，容我在此處再添一筆。

某中國企業的展館是整個上海世博中最令筆者震驚的地方。展示室的牆面上描繪著流線型的超高樓大廈，巨大的巨蛋建築，磁浮列車……。本來覺得這正是如同過去的未來城市圖像，然而正當這個圖景在眼前通過的時候，才恍然驚覺那就是現實生活的上海。

上海這個城市，曾是以現實都市之姿要追趕未來都市圖像的地方。

然而不僅是上海。

在杜拜，也不斷建造超高層大廈。高度八百二十八公尺、高達一百六十八層樓高的杜拜塔也成為眾所矚目的焦點。杜拜這個都市有著相當數量的超高層大廈，不只是高度，在造型上也相互競爭。無論是柔軟光滑的曲面或是多角型組合而成的複雜形態，都已經到了令人無法置信的地步，這些大廈如雨後春筍般相繼出現。

因此，曾經只能在科幻漫畫中作為背景被描繪的都市，在此時此刻誕生了。

這些在中國或中東中心所生出的建築，跟諾曼・佛斯特所設計的瑞士再保公司大樓倫敦本社，或是雷姆・庫哈斯所設計的中國中央電視台等這些名家作品，都共享著某種共通特性。美國的建築評論家查爾斯・詹克斯（Charles Jencks）將這些建築命名為標誌性建築（Iconic Building），其設計的特徵不只在於表面的裝飾，其建築本身就常以奇特、出人意表的造型表現。

從造型上的華麗與引人注目來看，也許會使人想起一九八〇年的後現代建築，但其指向性卻恰恰相反。後現代建築會從歷史中有名的建築裡引用其部分，要說的話，就像是使用過去的存款那樣。而相對於此，標誌性建築並不使用過去建築的任何部分，不僅如此，標誌性建築所使用的是更在科幻漫畫中所描繪的未來都市景象，也就是說標誌性所借用的不是過去的歷史，而是未來的圖像。

一九五〇年代、六〇年代未來都市的設計，到目前為止都是「復古未來風」，也被稱為令人懷念的未來。是對應該來而尚未到來的未來的一種憐愛的態度。

但，我們所面對的上海或杜拜，這些應該來而尚未到來的未來，卻已然一副已經到來的景象。

夢想的未來城市實現了！太棒了！不，果真如此嗎？那不是一種即便醒來也仍然像還在夢裡那樣的體驗嗎？不會醒的夢境，我們一般都將之稱為惡夢。

我們現在，正要衝入如同惡夢般的未來都市。

另外，筆者所負責的偶數章節的部分，除了共同執筆的五十嵐太郎之外，對於科幻類型極為熟悉的山岸貞與渡邊英樹也給與筆者一些相當具體的建議，一併在此處致謝。

參考資料

此附錄為完整呈現原作者參考之書目，因此以日文版或日文原版資料為主；若書籍為日文以外其他語言者，在內文註腳中皆有原文之作者名及書名標示，請逕行參考內文註腳。

序（磯達雄）

池上永一『シャングリ・ラ』角川書店、2005年（角川文庫、2008年）

第1章（五十嵐太郎）

1-1

建築が夢をかたちにできた1970年（『カーサ　ブルータス』特別編集ムック『浦沢直樹読本』2009年）

1-2

メガロマニアとアンチ・ユートピア（『建築ジャーナル』1995年11月号）

1-3

1968年と1970年のあいだ——電気の迷宮と万博の時代（キリンプラザ大阪　開館15周年記念出版『EXPOSE 2002　02』）2002年

1-4

ヤノベケンジ、千里ニュータウンを行く（『カーサ　ブルータス』2004年9月号）

第2章（磯達雄）

小松左京『空中都市008　アオゾラ市のものがたり』講談社、1969年（講談社青い鳥文庫、2003年）

手塚治虫『火の鳥2　未来編』角川書店、1985年（角川文庫、1992年）

堀江あき子編『昭和少年SF大図鑑』河出書房新社、2009年

小松崎茂『SFメカニック・ファンタジー　小松崎茂の世界』ラピュータ、2010年

S-Fマガジン編集部編『復刻　S-Fマガジン　No1-3』早川書房、1995年

アイザック・アシモフ『鋼鉄都市』福島正実訳、早川書房、1959年（ハヤカワ文庫、1979年原著1954年）

マイケル・ビショップ『ささやかな叡智』友枝康子訳、ハヤカワ文庫、1987年（原著1977年）
マイケル・アンダーソン監督『2300　未来への旅』映画公開1976年
J・G・バラード『時間都市』宇野利泰訳、創元推理文庫、1969年（原著1962年、「至福一兆」「大建設」収録）
ロバート・シルヴァーバーグ『内側の世界』大久保そりや・小川みよ訳、サンリオSF文庫、1986年（原著1971年）
光瀬龍『百億の昼千億の夜』早川書房、1967年（ハヤカワ文庫、2010年）
『世界SF全集11ハミルトン/ラインスター』早川書房、1969年（エドモンド・ハミルトン「時果つるところ」南山宏訳、収録、原著1951年）
クリフォード・D・シマック『都市』林克己・他訳、早川書房、1960年（ハヤカワ文庫、1976年）

第3章（五十嵐太郎）

3-1

巨匠たちの、叶わなかった東京計画（『エクスナレッジ・ホーム』13号「新・東京建築案内」2009年）
究極の都市デザイン（『あとん』2007年4月号）

3-2

まぼろし博物館：もうひとつの都庁（『FUSION』NTTファシリティーズ、2002年新春号）

3-3

建築探偵の東京計画（『あとん』2007年6月号）

3-4

異なる首都の可能性、21世紀の都市へ思考（『建築文化』2000年7月号）
皇居に美術館を建てよ（『あとん』2007年7月号）

第4章（磯達雄）

アンドレイ・タルコフスキー監督『惑星ソラリス』映画公開1972年

アンドレイ・タルコフスキー『タルコフスキー日記』鴻英良・佐々洋子訳、キネマ旬報社、1991年（原著1989年）
リドリー・スコット監督『ブレードランナー』映画公開1982年
永井豪『バイオレンスジャック完全版 7・8』中公文庫、1998年
菊地秀行『魔界都市〈新宿〉』ソノラマ文庫、1982年（朝日新聞社出版局、2007年）
荒俣宏『帝都物語8 未来宮編』カドカワノベルス、1987年（『帝都物語〈第伍番〉』角川文庫、1995年）
庵野秀明監督『新世紀エヴァンゲリオン』テレビ放映1995-1996年
大友克洋『AKIRA』全6巻、講談社、1984-1993年
押井守監督『機動警察パトレイバー the Movie』映画公開1989年
小野不由美『東京異聞』新潮社、1994年（新潮文庫、1999年）

第5章（五十嵐太郎）

5-1

機械としての建築、生体としての都市（『ユリイカ』2007年3月号）

5-2,3,4

未来都市の考古学（東京都現代美術館、1996年、共著）

第6章（磯達雄）

トマス・モア『ユートピア』平井正穂訳、岩波文庫1957年（原著1516年）
トマソ・カンパネッラ『太陽の都』近藤恒一訳、岩波文庫、1992年（原著1602年）
フランシス・ベーコン『ニュー・アトランティス』川西進訳、岩波文庫、2003（原著1627年）
アルベール・ロビダ『20世紀』朝比奈弘治訳、朝日出版社、2007年（原著1883年）
『世界SF全集4 ガーンズバック／テイン』早川書房、1971年（ヒューゴー・ガーンズバック「ラルフ124C41+」中上守訳、収録、原著1925年）

海野十三「海底都市」青空文庫 http://www.aozra.gr.jp/（原著 1947 年）
フリッツ・ラング監督『メトロポリス』映画公開 1927 年
ジョージ・オーウェル『1984 年』新庄哲夫訳、ハヤカワ文庫、1972 年（原著 1949 年）
オルダス・ハクスリー『すばらしい新世界』松村達雄訳、講談社文庫、1974 年（原著 1932 年）
ジュール・ヴェルヌ『動く人工島』三輪秀彦訳、創元 SF 文庫、1978 年（原著 1895 年）
クリストファープリスト『逆転世界』安田均訳、サンリオ SF 文庫、1983 年（創元 SF 文庫、1996 年、原著 1974 年）
フィリップ・リーヴ『移動都市』安野玲訳、創元 SF 文庫、2006 年（原著 2001 年）
フィリップ・リーヴ『掠奪都市の黄金』安野玲訳、創元 SF 文庫、2006 年（原著 2003 年）
ジャイムズ・ブリッシュ『地球人よ、故郷に還れ』砧一郎訳、早川書房、1965 年（ハヤカワ文庫、1978 年、原著 1955 年）
ジョン・E・スティス『マンハッタン強奪　上・下』小隅黎訳、ハヤカワ文庫、1994 年（原著 1993 年）
バリントン・J・ベイリー『シティ 5 から脱出』ハヤカワ文庫、1985 年（原著 1978 年、「シティ 5 から脱出」浅倉久志訳、収録）
ロバート・A・ハインライン『宇宙の孤児』矢野徹訳、早川書房、1965 年（早川文庫、1978 年、原著 1963 年）
アーサー・C・クラーク『宇宙のランデヴー』南山訳、早川書房、1979 年（ハヤカワ文庫、1985 年、原著 1973 年）
ラリイ・ニヴン『リングワールド』小隅黎訳、早川書房、1978 年（ハヤカワ文庫、1985 年、原著 1970 年）
Bob Shaw, Orbitsville（未訳、原著 1975 年）

第 7 章（五十嵐太郎）

7-1

ユートピアの消尽のはてにミラージュは現れたのか？（磯崎新監修『海市——もうひとつのユートピア』NTT 出版、1998 年）

7-3

ノンスタンダードの建築（『総合論文誌』、『建築雑誌』増刊第4号、「情報化の視点からみた建築・都市のフロンティア」日本建築学会、2006年）

第8章（磯達雄）

J・G・バラード『コンクリートの島』大和田始・国領昭彦訳、NW-SF社、1981年（『コンクリート・アイランド』、太田出版、2003年、原著1974年）
オラフ・ステープルドン『最後にして最初の人類』浜口稔訳、国書刊行会、2004年（原著1930年）
ハインリッヒ・ハウザー『巨人頭脳』松谷健二訳、創元推理文庫、1965年（原著1962年）
アーサー・C・クラーク『都市と星』真木進訳、早川書房、1966年（『都市と星』新訳版、酒井昭伸訳、2009年、原著1956年）
ウィリアム・ギブスン『ニューロマンサー』黒丸尚訳、ハヤカワ文庫、1986年（原著1984年）
マイケル・ベネディクト編『サイバースペース』山田和子、鈴木圭介訳、NTT出版、1994年（原著1991年）
柾悟郎『ヴィーナス・シティ』早川書房、1992年（ハヤカワ文庫、1995年）
ニール・スティーヴンスン『スノウ・クラッシュ』日暮雅通訳、アスキー、1998年（ハヤカワ文庫、2001年、原著1992年）
ラリ&アンディ・ウォシャウスキー監督『マトリックス』映画公開1999年
グレッグ・イーガン『ディアスポラ』山岸真訳、ハヤカワ文庫、2005年（原著1997年）
ラリイ・ニーヴン&ジェリイ・パーネル『忠誠の誓い』峯岸久訳、ハヤカワ文庫、1984年（原著1981年）
ウィリアム・ギビスン『カウント・ゼロ』黒丸尚訳、ハヤカワ文庫、1987年（原著1986年）
ウィリアム・ギビスン『ヴァーチャル・ライト』浅倉久志訳、角川書店、1994年（角川文庫、1999年、原著1993年）
ウィリアム・ギビスン『あいどる』浅倉久志訳、角川書店、1997年（角川文庫、2000年、原著1996年）
ブライアン・ステイブルフォード&デビッド・ライグフォード『2000年から3000年まで』中山茂監訳、パーソナルメディア、1987年（原著1985年）

神林長平『過負荷都市』トクマノベルズ、1988年（ハヤカワ文庫、1996年）
アレステア・レナルズ『カズムシティ』中原尚哉訳、ハヤカワ文庫、2006年（原著2001年）

第9章（五十嵐太郎）

9-1

愛知博に見る35年の変化（共同通信2005年3月）
歴史的視野からみる愛知万博（『日経アーキテクチュア』2005年3月21日P26-P27から転載）

9-2,3

内破する万博（『10+1』36号、2004年）

9-4

愛知万博とは何だったのか（『朝日新聞2005年9月28日』）

大阪萬博的會場
提供：每日新聞社

大阪萬博的太陽之塔與祭典廣場
提供：每日新聞社

Superstudio，〈十二座理想城市－第四都市：宇宙船〉

Titre : Le dodici città ideali : Quarta città : città astronave
Description : vers 1971. (Les douze villes idéales) : (Qutrième ville : la ville astronef). Recto-verso
Auteur : Superstudio Groupe fondé en 1966 à Florence et dissous en 1978
Droits d'auteur :© Gian Piero Frassinelli
Crédit photographique :© Centre Pompidou, MNAM-CCI, Dist. RMN-Grand Palais / Georges Meguerditchian
Période : 20e siècle, période contemporaine de 1914 à nos jours
Technique/Matière : aérographe, carton, encre de Chine, mine de plomb, pochoir
Hauteur : 0.700 m.
Longueur : 1.000 m.
Localisation : Paris, musée national d'Art moderne - Centre Georges Pompidou
Acquisition : Achat à Alessandro Poli (Florence - Italie) en 2000

1970 年的千里新市鎮（千里 New Town）
提供：每日新聞社

丹下健三，東京計畫 1960
攝影 © 川澄明男（AKIO KAWASUMI）

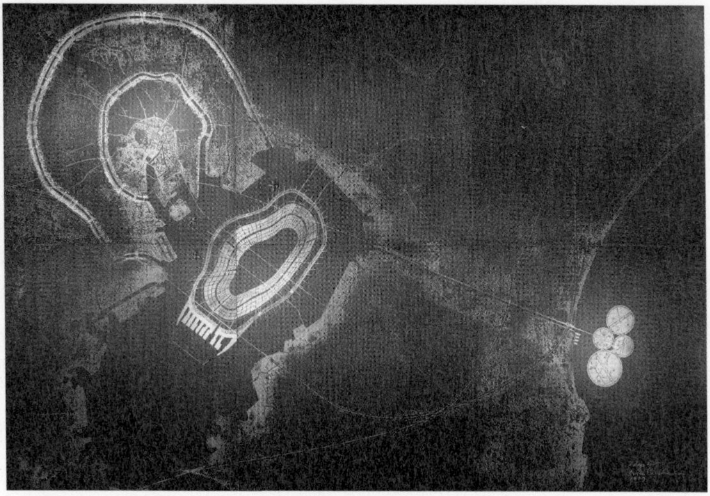

黑川紀章，東京計畫 2025
攝影 © 大橋富夫（Tomio Ohashi）

磯崎新，東京都廳舍落選案模型
攝影 © 五十嵐太郎

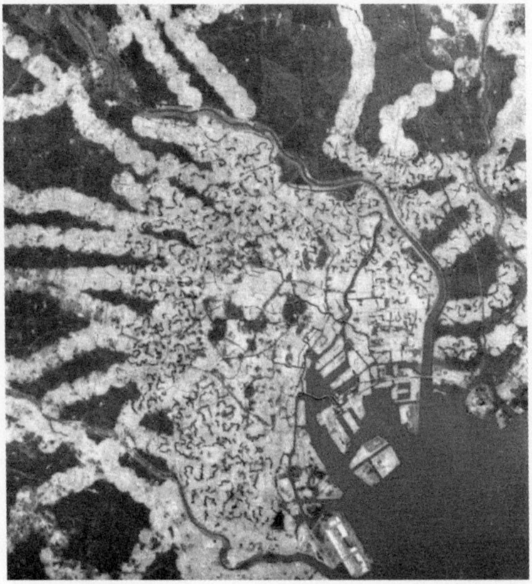

大野秀敏，Fibercity: 2050
© 東京大學新領域創成科學研究科大野秀敏研究室

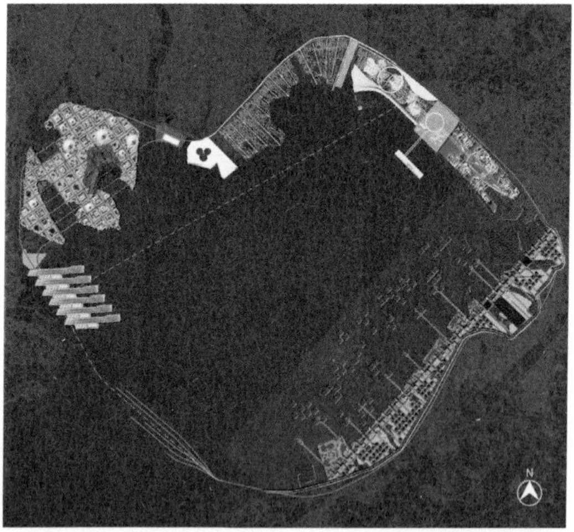

八束はじめ +U.P.G.@.S.I.T.，東京計畫 2010
圖片提供：八束はじめ

彥坂尚嘉，雕塑作品〈皇居美術館空想〉
攝影 © 新堀学

右：
藤森照信，東京計畫 2101
攝影 © 增田彰久

左：
藤森照信，東京計畫 2107
攝影 © 增田彰久

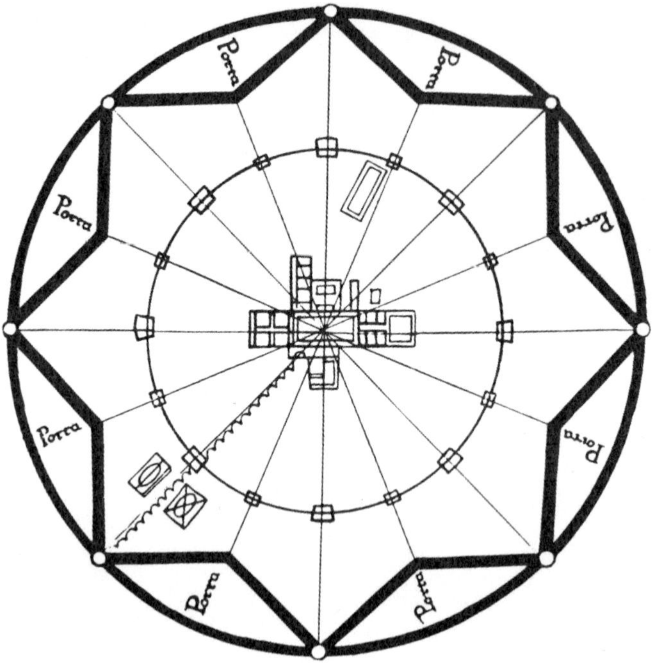

佛羅倫斯建築師費拉萊特（Filarete, Antonio Averlino）的理想都市 Sforzinda Plan der Idealstadt Sforzinda, 1457[public domain]

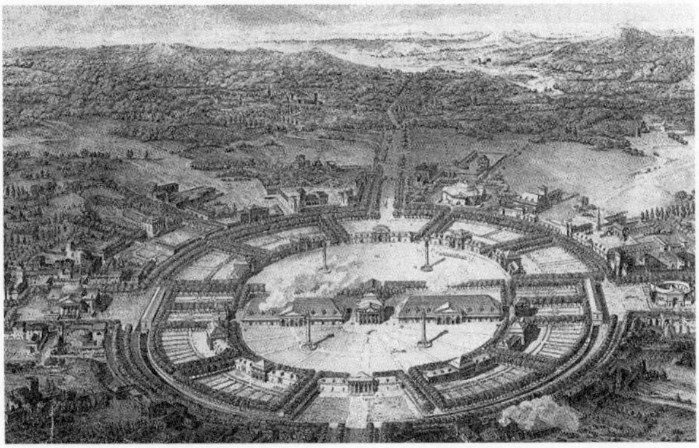

勒杜（Claude-Nicolas Ledoux，1736～1806），製鹽都市
Projet pour la ville nouvelle de Chaux, autour de la saline royale d'Arc-et-Senans[public domain]

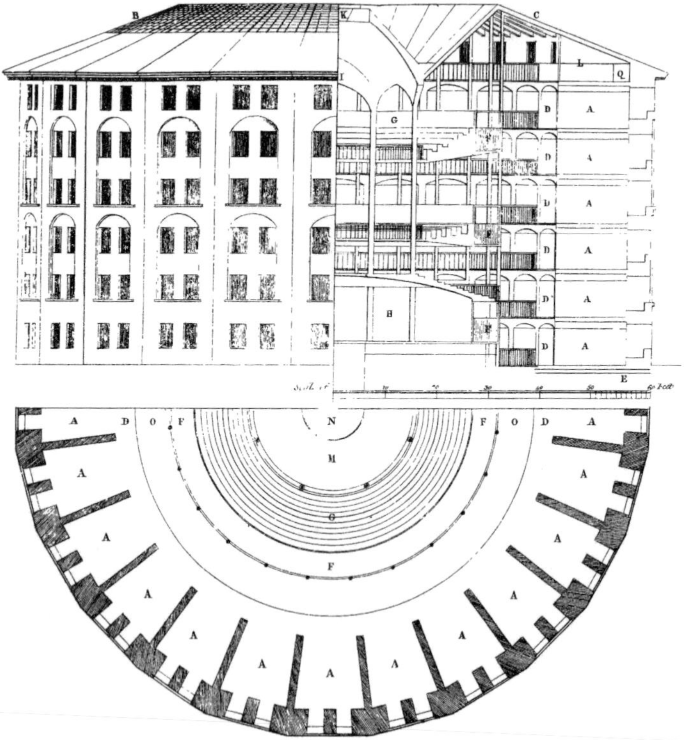

邊沁（Jeremy Bentham，1748 ～ 1832）
提出的圓形監獄（Panopticon）
[public domain]

甘尼爾（Tony Garnier）的工業都市
出處：Tony Garnier，*Une Cité Industrielle: Etude pour la construction des villes*, 1918

柯比意，瓦贊計畫（1925）模型

朗・赫倫（Herron, Ron），行走城市

Herron, Ron (1930-1994): Walking City on the Ocean, project. 1966. Exterior perspective. New York, Museum of Modern Art (MoMA). Cut-and-pasted printed and photographic papers and graphite covered with polymer sheet, 11 1/2 × 17' (29.2 × 43.2 cm). Gift of The Howard Gilman Foundation. Acc. n.: 1203.2000.

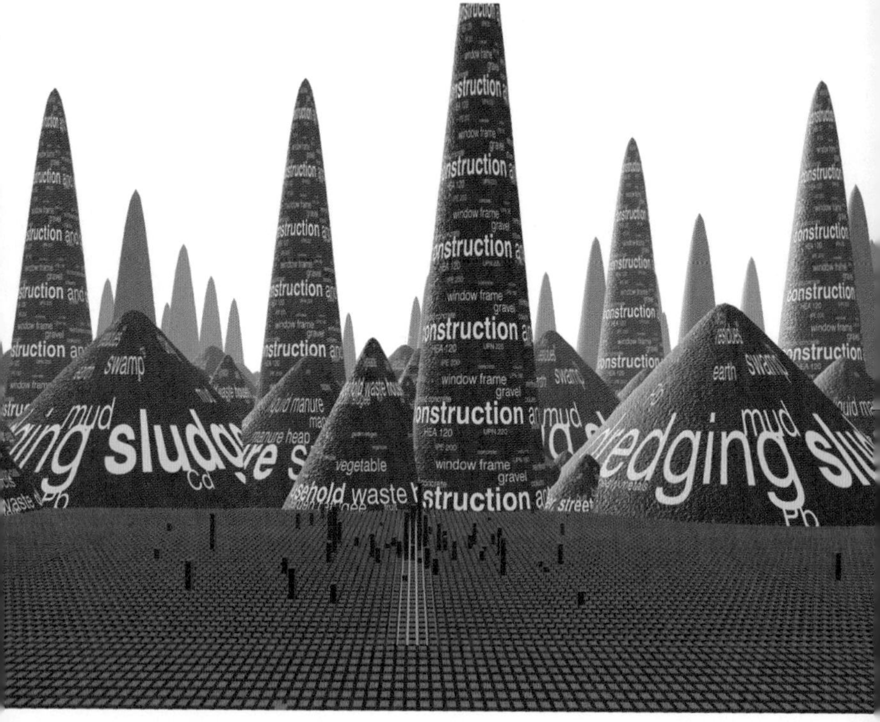

MVRDV，數據城（datatown）
©MVRDV

R&SEI 的模型建築
攝影 © 五十嵐太郎

右：
愛知萬博會場模型
攝影 © 五十嵐太郎

左：
愛知萬博會場，菊竹清訓設計的全球環道（Global Loop）
攝影 © 五十嵐太郎

愛知萬博會場，
MIKAKUMI ＋大林組，TOYOTA GROUP 館
攝影 © 五十嵐太郎

我們夢想的未來都市

作者／五十嵐太郎、磯達雄
譯者／卓于綉
企劃編輯／劉佳旻
美術設計／黃子恆
發行人／陳炳槮
發行所／田園城市文化事業有限公司
登記證／新聞局局版台業字第 6314 號
地址／ 104 台北市中山北路二段 72 巷 6 號
電話／ 886-2-2531-9081
傳真／ 886-2-2531-9085
網站／ www.gardencity.com.tw
電子信箱／ gardenct@ms14.hinet.net
劃撥帳號／ 19091744 田園城市文化事業有限公司
初版一刷／ 2014 年 6 月
ISBN ／ 978-986-6204-53-1（平裝）
定價／新台幣 380 元

FACEBOOK 關鍵字／田園城市

國家圖書館出版品預行編目（CIP）資料
我們夢見的未來都市 / 磯達雄，五十嵐太郎合著；卓于綉譯
一初版一 臺北市：田園城市文化 , 2014.06
320 面；13×19 公分；ISBN 978-986-6204-53-1（平裝）
1. 都市　2. 都市計畫
545.1　101015025

BOKURA GA YUME MITA MIRAI TOSHI

First published in 2010 in Japan by PHP Institute, Inc.
Traditional Chinese Translation rights arranged with PHP Institute, Inc.
through Japan Foreign-Rights Centre/Bardon-Chinese Media Agency